鉴证大党百年风云

——100个"千字文"故事

欧阳辉 著

人民出版社

出版说明

欲知大道，必先为史。党史、新中国史、改革开放史、社会主义发展史，记录着中国共产党的奋斗历程，承载着中国共产党人的伟大精神。正是一代代中国共产党人对信念的执着、对初心的坚守、对使命的担当，让一个积贫积弱的旧中国真正站起来并日益走近世界舞台中央，中华民族将以更加昂扬的姿态屹立于世界民族之林。

历史是最好的教科书，作为一名党报理论工作者，这门功课不仅必修，而且必须修好。2019 年 1 月 1 日，"学习强国"在全国上线。这为学习历史、领悟历史、借鉴历史，提供了重要平台和有效抓手。常言道，好记性不如烂笔头。个人边学习边感悟边记录，利用"八小时之外"和节假日，将学习笔记整理为《鉴证大党百年风云——100个"千字文"故事》一书。为向故事中的人物和读者负责，这本书特别注意以下几点。

（一）主题和来源。该书围绕阐释中国共产党为什么"能"、马克思主义为什么"行"、中国特色社会主义为什么"好"这一主题，学习内容大都来自"学习强国"，并阅读了中央主流媒体和各级党委、政府主办新媒体上刊发的大量文章。

（二）章节和篇目。该书设置10章，从第一章至第十章的关键词为：理想信念、军事艺术、党性作风、思想魅力、兴趣情怀、科技高峰、巾帼英雄、英模风采、伉俪模范、国际友谊。每章10篇文章，每篇文章1000字左右，包括标点符号。

（三）人物和排序。该书涉及111位重要人物，每章人物排序，除约定俗成的以外，均以出生年月为序。比如，军事家和军队英模的排序，借鉴了《中国军事百科全书》的做法。又如，哲学家、历史学家的排名，以党的重要文献为标准。再如，伉俪英雄，以丈夫出生年月排序。

（四）形式和标准。该书注重创新，内容表现形式和话语表达方式多种多样，并尝试在马克思主义哲学、中国哲学、西方哲学融通上做点知识积累。写作中遇到的疑惑和问题，均对标对表《中国共产党历史》（第一、二卷）等权威资料。

目 录
Contents

第十章　国际友谊　/ 299

写在后面的话——新时代更要学好历史　/ 331

自　序

开卷有益，源于北宋王辟之史料笔记《渑水燕谈录》：“宋太宗日阅《御览》三卷，因事有缺，暇日追补之。尝曰：‘开卷有益，朕不以为劳也。’”自此，开卷有益，一传千年。然而，稍加审视，便可察觉，开卷未必全有益。

俄国哲学家别林斯基说过，不好的书告诉你错误的概念，使无知者变得更无知。可见开卷之时，选择十分必要。既要避开引人误入歧途的坏书，又得挑选适合自己的好书。

中华文明数千年，应该选择什么样的书籍，以开卷有益、增益？革命先驱李大钊曾指出，无限的过去都以现在为归宿，无限的未来都以现在为渊源。历史—现实—未来，是一个相互依存、相互渗透、互为因果的整体，而且这种依存、渗透、因果，表现为一种内在规律性的联系，而非外在偶然性的联系。历史是过去的现实，现实是未来的历史，瞻往可以察来。

横吹笛子竖吹箫，让人去阅读浩如烟海的史籍，必如洞箫横吹，难成曲调。英国学者圣约翰窥破这一难题并明确指出：史是用例子教育人的哲学。《鉴证大党百年风云——100个"千字文"故事》一书，坚持用史实讲解鲜活的故事，其文字表述和话语表达，既注重简洁化、接地气，又重视细节描述和场景重现。一位位革命先烈坚贞不屈、大义凛然的"雄关漫道真如铁"故事，一名名党员干部立党为公、执政为民的"敢教日月换新天"故事，一个个国际友人毫不利己、专门利人的"太平世界，环球同此凉热"故事……让人深切地感受到：只有不忘昨天的苦难辉煌，才会无愧今天的使命担当，才能不负明天的伟大梦想。

清初文人兼刻书家张潮在其《幽梦影》中说，少年读书，如隙中窥月；中年读书，如庭中望月；老年读书，如台上玩月，皆以阅历之浅深，为所得之浅深耳。诚然，在人生不同阶段，读书境界不一样。客观地讲，读书境界与年龄有联系，但并非一一对应关系，老年人的理解不一定就深刻，年轻人的觉悟也不一定肤浅。学习党史、新中国史、改革开放史、社会主义发展史，同样如此。关键是要用心用情细细品味历史中的"喜怒哀乐"，深深体会蕴藏在文字后面的历史真实、科学真理。感同身受、融会贯通，境界就会更高，乐趣定会更多，收获才会更大。

北京信息科技大学本科生欧阳纬柠，参加了本书的资料收集、修改等工作。由于水平有限，撰写该书过程中，难免挂一漏万，敬请读者指正，以期不断完善。

欧阳辉

2020 年 10 月 1 日于北京金台园

第一章 理想信念

理想信念就是共产党人精神上的"钙"，没有理想信念，理想信念不坚定，精神上就会"缺钙"，就会得"软骨病"。坚持学而信、学而思、学而行，有了不可撼动的理想信念，有了正确的世界观、人生观、价值观，就会用理想之光照亮奋斗之路，用信仰之力开创美好未来。

雄关漫道真如铁　而今迈步从头越

　　"如果我们选择了最能为人类而工作的职业，那么，重担就不能把我们压倒，因为这是为大家作出的牺牲；那时我们所享受的就不是可怜的、有限的、自私的乐趣，我们的幸福将属于千百万人，我们的事业将悄然无声地存在下去，但是它会永远发挥作用，而面对我们的骨灰，高尚的人们将洒下热泪。"1835年，17岁的马克思立下这样的宏志。志之所趋，无远弗届，穷山距海，不能限也。志之所向，无坚不入，锐兵精甲，不能御也。志向是远大理想、目标，具有革命理想高于天的精神力量，才会"千磨万击还坚劲，任尔东西南北风"。

马克思主义的播火者

南"陈"北"李","李"就是李大钊。作为马克思主义的播火者,"铁肩担道义,妙手著文章"是他一生的真实写照。毛泽东曾回忆李大钊,我在北大图书馆当助理员的时候,正是在他手下很快地发展,走到马克思主义的路上。

马克思主义是我们党和国家的指导思想,是我们认识世界、把握规律、追求真理、改造世界的强大思想武器。巍巍上庠,国运所系。身处燕园的李大钊,率先在中国传播马克思主义,并在《我的马克思主义观》中指出不改造经济组织,单求改造人类精神,必致没有效果。不改造人类精神,单求改造经济组织,也怕不能成功。他用历史唯物的观点阐释教育本质,指出人类社会的一切精神构造都是表层构造，只有经济构造即物质构造才是基础构造，基础构造决定表层构造。经济问题的解决，是根本的解决，教育作为上层建筑，必然要受到生产力、生产方式和经济基础的制约。同时，包括教育在内的上层建筑，对经济基础具有能动的反作用。

"试看将来的环球，必是赤旗的世界！"在《晨钟报》创刊号上，李大钊写下国家不可一日无青年，青年不可一日无觉醒，深刻阐明青年与国家的关系、青年的人生价值。他将《新青年》第六卷第五号，编成"马克思主义研究"专号；协助北京《晨报》副刊，开辟"马克思研究"专栏，发表一系列介绍马克思生平、学说和贡献的文章，唤醒青年人的斗争精神，为青年运动提供了科学的思想武器。他把北京大学图书馆作为马克思主义传播的重要阵地，引导邓中夏、何孟雄、高君宇等一批先进青年接受马克思主义，为中国革命事业培养了第一代马克思主义骨干人才。他号召广大青年到劳动群众中去，走出了一条青年教育与工农结合的新路子。

运用马克思主义探索中国实际问题，把中国引向社会主义道路。1920年5月1日，李大钊和一些先进分子在北京第一次举行纪念国际"五一"劳动节活动，散发"劳工神圣"等传单，产生了较为广泛的思想影响。"在教育上、文学上也要求一个人人均等的机会，去应一般人知识的要求"，在《劳动教育问题》一文中，他强烈呼吁为工人争取受教育权，改变少数人受教育，而绝大多数劳动人民受不到教育的状况，彰显教育平等观。李大钊的教育平等观，还体现在对妇女接受教育问题的关注和对女性的真诚关怀上。占全国民半数的女子不读书不做工，这不是国民的智力及生产力一种大大的损失吗？正是在李大钊直接领导下，1925年3月8日成为中国妇女第一次庆祝自己战斗的节日、检阅自己力量的节日。

我是崇信共产主义者，知有主义不知有家，为主义而死兮也，何憾也。李大钊的音容与信仰，永远定格在人民群众心中，激励着一代代共产党人为之而奋斗。

找到一条救国救民道路

蔡和森是明确提出成立中国共产党的第一人，为革命呕心沥血，直至生命最后一刻。正如毛泽东所说，一个共产党员应该做的，和森同志都做到了。蔡和森就像漫漫黑暗中的一颗夜明珠，以自己的智慧和行动，照亮积难深重的旧中国星空，找到了一条救国救民的道路。

1913 年，蔡和森考入湖南省立第一师范学校，与毛泽东开始"恰同学少年"的新生活。当时，湖南先进青年称"润芝是实践家，和森是理论家"，杨昌济更是称赞，二子海内人才，前程远大，君不言救国则已，救国必先重二子。1918 年，毛泽东、蔡和森等组织新民学会，创办《湘江评论》，以革新学术、砥砺品行、改良人心风俗为宗旨，得到社会各界广泛赞同。

世乱吾自治，为学志转坚。从师万里外，访友人文渊。这是蔡和森由湘赴京、船过洞庭湖时写下这样的诗句。1919年"五四运动"爆发后，他在北平组织湖南籍学生参加了这场反帝反封建运动。

真正的革命党，如无革命的理论是不行的，故一个革命党不仅要有好的组织、好的政策，尤其要有革命的理论来把思想统一，然后才能领导革命到正确之路。1919年12月，蔡和森远赴法国勤工俭学。他"猛看猛译"上百种介绍马克思列宁主义和俄国革命的书籍，与周恩来、赵世炎等筹组中国共产党旅欧早期组织。蔡和森认为救国救民，就要走俄国十月革命的道路，建立起一个革命政党。他先后两次致信毛泽东，第一次提出明目张胆正式成立一个中国共产党，第一次系统阐释建党理论和建党原则。毛泽东在复信中说：见地极当，我没有一个字不赞同。

1921年12月，回国不久的蔡和森加入中国共产党。他参与起草党的二大宣言，并根据党中央指示，筹备创办中央机关报——《向导》周报。蔡和森1923年参加党的三大，强调在国共合作的统一战线中,应当保持党在政治上组织上的独立性。1925年参与领导"五卅运动",展现出领导群众斗争的卓越才能;同年冬,赴莫斯科参加共产国际执委会第六次扩大会议。1927年在党的五大上当选为中央政治局委员、常委的蔡和森,面对"四一二"反革命政变后的危机局势,主张反抗国民党反动派的进攻;"七一五"反革命政变后,提议党中央重新号召土地革命。在"八七会议"上,蔡和森力荐毛泽东进入中央政治局,提议举行秋收起义;会后,他参与组建和领导北方局的工作。1928年在党的六大上,蔡和森发言总结党领导大革命及土地革命初期的经验教训,探讨中国革命的重大问题。

"匡复有吾在,与人撑巨艰。忠诚印寸心,浩然充两间。"1931年被捕,蔡和森用生命践行了自己的誓言。周恩来说过,和森同志是永远值得我们怀念的。

特殊的七大中央委员

　　1945年4月，党的七大选举陈潭秋为中央委员，可代表们无论如何都想不到，早在1943年9月，陈潭秋就被国民党反动派秘密杀害。这位特殊的中央委员虽无缘见证大会盛况，却用生命给什么是共产党员作出了生动诠释。

　　荆楚大地是中国近代史的重要舞台，演绎着一幕幕悲壮画卷，造就出一批批英雄人物。陈潭秋就是在这一舞台上，撒播革命火种的"普罗米修斯"。1919年"五四运动"爆发后，作为武汉地区学生领袖的陈潭秋，前往上海参加全国学联成立大会。1920年，陈潭秋和董必武等人创建武汉共产主义小组，组织马克思主义学说研究会。他经常对学生们说，不懂得马克思主义、不懂得十月革命,就等于瞎子、聋子,找不到人生的路。

"二七"大罢工,使林祥谦的事迹天下传扬,而指引林祥谦走上革命道路的人,正是陈潭秋。1922年以后,陈潭秋以记者身份深入工厂和京汉铁路,结识了出身贫苦的林祥谦。他经常与林祥谦促膝谈心,林祥谦深受启发和教育,积极要求加入党组织。1923年2月,京汉铁路工人举行大罢工,当军阀吴佩孚派兵包围江岸工人俱乐部时,陈潭秋让其他同志先转移,自己带领几个工人坚持到深夜才撤离。林祥谦不幸被捕,面对刽子手的屠刀,他大义凛然地斥责:可怜一个好好的中国,就断送在你们这班军阀手里了!

马克思说过:我们知道个人是微弱的,但是我们也知道整体就是力量。1921年党的一大胜利召开,13名代表都是来自学堂的知识分子。在他们中间,后来虽有毛泽东这样的军队统帅,但只有一人,以战士之勇持枪作过战、火线负过伤,那就是陈潭秋。

在血与火的年代,人称伤痕是战士最光荣的勋章。1935年2月,陈潭秋和谭震林率一个加强营翻越武夷山西进,在上杭附近被敌军包围。指挥战斗时,陈潭秋被一颗子弹打中右

耳，滚下悬崖，摔伤了头部。同年 8 月，陈潭秋赴莫斯科参加
共产国际第七次代表大会，并驻共产国际工作。

1939 年 5 月陈潭秋奉命回国后，任中共中央驻新疆代表、
八路军驻新疆办事处负责人，同军阀盛世才进行了灵活巧妙的
斗智斗勇。1942 年夏，党中央同意在新疆工作的共产党员全
部撤离，陈潭秋把自己列入最后一批并表示：只要还有一个同
志，我就不能走。这年 9 月 17 日，陈潭秋被捕，敌人施以酷
刑逼迫其脱党，他视死如归，坚贞不屈。

不达成功誓不休，是陈潭秋的座右铭，见证着他的革命历
程。陈潭秋出席了党的一大、三大、四大、五大，曾历任华
中、东南、华北、东北、华南和西北党的负责人。"潭影悠悠，
看锦绣黄州，故居图片，一腔热血天山洒；秋风袅袅，忆青春
岁月，华夏霜风，千古英雄正气歌。"这副楹联不仅是对陈潭
秋一生的写照，而且寄托着人们对他的深切怀念。

遍地争得神州红

红色是刻骨铭心的记忆,是为国为民的赤诚,是坚定不移的主义。"拼将七尺男儿血,遍地争得神州红。"傅烈"绝命书"中的诗句,让一位共产党人的坚定信念和浩然正气,跃然纸上。

1920 年 5 月,傅烈赴法国勤工俭学,后成为旅欧共产主义组织——中国少年共产党的早期成员之一。他 1924 年加入中国共产党,同年秋被选送莫斯科东方大学学习,1925 年回国并参加北伐。1927 年大革命失败后,党中央派傅烈去四川重建省委。

宣传工作之重要,实不亚于军事。傅烈强调对内应有大规模的政治宣传工作，对外应有大规模的宣传队之组织，对动摇游移的广大下层小资产阶级群众，也完全靠宣传工作影响和吸引他们来参加土地革命。当时，万源县有个叫李家俊的青年积极宣传新文化运动，并在北京创办过进步刊物《萼山钟》。傅烈找他来谈话，讲当前的革命形势和斗争方法。李家俊听后说，这两年，我像一个迷失了方向的人，不知往哪里走。现在找到了党，为了革命，我不怕抛头颅，洒热血。他奔赴家乡，不久建立起一支1000多人的群众武装。

1928年2月，中共四川省委正式成立，傅烈任省委书记兼军委书记。他起草《四川暴动行动大纲》，经省委同意后下发各地。万源、宣汉、达县等地先后爆发武装起义，川东游击军第一支队也得以创建，四川革命形势为之一新。

同年3月9日，中共巴县县委成立大会在兴隆巷8号一幢灰色小楼里举行。下午2点，傅烈走进房内一会儿就响起一阵急促的敲门声。有人大喊："收捐！收捐！"随后，一群警察闯进屋内将正在开会的人全部带走。10日，傅烈被移送到重庆卫戍司令部，敌人起初以金钱和官位引诱企图软化和收买他，均遭到怒斥和拒绝。警备司令王陵基问：你不怕死？傅烈回答：革命不怕死，怕死不革命！关押期间，经受种种酷刑的他斩钉截铁地说：砍断我的头颅，也休想从我身上得到你们需要的片言只字！后来，据当时刘湘军部的一些参谋、秘书人员说：一个江西口音的人（傅烈）最顽强。

傅烈在狱中写下两封家书，一封是写给父母亲的。谁无父母妻儿，谁不恋青春年华，可他在信中说：我这次牺牲并不出乎意外，父亲不必过于悲伤。感悟泣血的文字，难忘烈士豪气干云的英雄品格。

见字如面，另一封是写给爱人陈才用的"绝命书"。要继承我的遗志，为党的事业奋斗到底！抱定必死的信念，求取必胜的结果，是一位革命者的大气魄、大格局，又何尝不是一个政党、一个国家、一个民族的血性？没有这种血性，何来红旗漫卷西风？高山仰止，景行行止。

红旗飘扬在祖国蓝天

"砍头不要紧，只要主义真。杀了夏明翰，还有后来人！"1928年3月20日清晨，当执行官问夏明翰还有什么话要说时，他大声地说：有，给我拿纸笔来！于是，写下这首大义凛然的就义诗。夏明翰用鲜血和生命，捍卫了自己坚定的共产主义信念。

毛泽东曾高度赞扬，夏明翰有一个好母亲。"儿女不见妈妈两鬓白，但相信你会看到我们举过的红旗飘扬在祖国的蓝天！"在夏明翰的成长过程中，母亲陈云凤对其影响很大。陈云凤是一位传奇而伟大的女性，她为中国革命奉献了夏明翰、夏明衡、夏明震、夏明霹四个优秀儿女。

1917年，考入湖南省立第三甲种工业学校的夏明翰，热衷于参加学生爱国运动。可是，思想保守的祖父坚决反对，把他关进一间小房子里。一天晚上，夏明翰破窗跳了出来。临走时，他还砍倒一棵被祖父看作官运亨通、家庭兴旺象征的桂树。为此，何叔衡写诗赠予夏明翰：神州遍地起风雷，投身革命有作为。家法纵严难锁志，天高海阔任鸟飞。

不坚定的理想不是理想，不执着的信念难言信念，真正的坚定和执着在奋斗中铸就。1921年，经毛泽东、何叔衡介绍，夏明翰加入中国共产党。1922年，湖南劳工会领导人黄爱与庞人铨惨遭杀害，夏明翰等人率领群众游行示威请愿，声讨赵恒惕政府的罪行。1927年"四一二"反革命政变后，夏明翰悲愤地写道：越杀胆越大，杀绝也不怕。不斩蒋贼头，何以谢天下！党的"八七会议"后，他宣传和组织秋收起义。

明翰同志品质的优美，永远是党员的模范，也永远是人民的模范。谢觉哉曾这样高度评价他。1928年3月18日，夏明翰在武汉被捕。主审官问他：你姓什么？夏明翰不假思索地回答：姓冬。"你明明姓夏，为什么说姓冬！简直是胡说！""我是按国民党的逻辑讲话的。你们的逻辑是颠倒黑白、混淆是非的，你们把杀人说成慈悲，把卖国说成爱国。我也用你们的逻辑,把姓'夏'说成姓'冬',这叫以毒攻毒。"

"同志们曾说世上唯有家钧好,今日里才觉得你是巾帼贤。我一生无愁无泪无私念,你切莫悲悲凄凄泪涟涟。张望眼,这人世,几家夫妻偕老有百年?抛头颅,洒热血,明翰早已视等闲。"在给妻子郑家钧的家书中,夏明翰表现出坚定的革命意志和视死如归的精神境界。信写完后,他抑制不住对妻子、对女儿的强烈爱恋和思念,用嘴唇和着鲜血在信纸上留下一个深深的吻印。

励志者,砺志也。没有千磨万击,信仰如何闪光?没有奋斗乃至牺牲,理想又如何实现?郑家钧牢记丈夫嘱托,对革命毫不动摇,成为一名地下交通员,为党收藏和保管文件,并含辛茹苦把女儿夏赤云抚养成人。

革命不成功立誓不回家

"为了让千千万万的母亲和孩子能过上好日子,为了让白发苍苍的老人皆可享乐天年,儿已以身许国,革命不成功立誓不回家。"王尔琢家书中的一句话,书写了他一辈子的坚定信仰。

王尔琢 1920 年考入湖南省甲种工业学校,1924 年考入黄埔军校,在校期间经周恩来介绍加入中国共产党。1926 年率部北伐途中,蒋介石派两个亲信携带其亲笔信找到王尔琢,并游说他,如果听命于蒋先生就正式委任为军长,被王尔琢严词拒绝。

1927 年初,王尔琢想见见尚未谋面的 3 岁女儿小桂芳,便写信约妻子郑凤翠带女儿来武汉。兵荒马乱，交通阻隔，母女两人在长沙滞留三个月。这时风云突变，"四一二"反革命政变后，王尔琢从北伐将领成为被通缉的"中共要犯"。郑凤翠不知道丈夫的险境，身上盘缠即将用尽，在武汉待了半个多月后，只好带女儿返回家乡，并留下一封信，蕴璞：不知你到哪里去了，没有见到你，小桂芳心里很难过。数日后，王尔琢秘密来到武汉。读罢妻子的信，他当即给父亲写了一封信：儿何尝不思念着骨肉的团聚？儿何尝不眷恋着家庭的亲密？但烈士殷红的血迹，燃烧起儿的满腔怒火，乱葬岗上孤儿寡母的哭声，斩断了儿的万缕归思。

火种保留下来，再也没有熄灭。八一南昌起义后，王尔琢率部直奔湘南。转战途中，后有追兵，时有地主武装和土匪的袭击；官兵饥寒交迫，疾病流行；部队思想一片混乱，不少官兵相继离队，甚至师长、团长均皆逃走；有的更是提出"散伙"，部队有顷刻瓦解之势。到达安远县天心圩时，部队从2500余人仅剩下1500人，团级以上干部只留下朱德、陈毅、王尔琢三人。王尔琢蓄发明志：革命不成功，坚决不剃头、不刮胡子！

誓言已然发出，便从未动摇过。井冈山会师后，王尔琢任中国工农红军第四军参谋长兼第 28 团团长。他协助毛泽东、朱德指挥红四军取得五斗江、草市坳、龙源口等战斗的胜利，粉碎了国民党发动的多次大规模"围剿"。王尔琢率第 28 团英勇作战，成为纵横井冈山的一员骁将，该团赢得"飞兵二十八团"的佳誉。1928 年 8 月 25 日，在崇义县思顺墟追击叛徒时，王尔琢不幸牺牲。

侠之大者，为国为民；义之实者，许党许国。王尔琢牺牲后，毛泽东含泪悲叹：这个人很好，很忠实，很能打仗，很能指挥，为革命事业流尽了最后一滴血，我们一定要继承他的遗志，把革命进行到底。在王尔琢的追悼会上，悬挂着由毛泽东拟稿、陈毅书写的挽联：一哭尔琢，二哭尔琢，尔琢今已矣！留却重任谁承受？生为阶级，死为阶级，阶级后如何？得到胜利始方休！

谱写一曲红色咏叹调

"还我卢德铭!"毛泽东在听到秋收起义总指挥卢德铭牺牲时,痛心疾呼。1927 年 9 月,为掩护主力部队向湘赣边界的罗霄山脉转移,卢德铭仅带一连兵力阻击敌人,不幸中弹牺牲。他是井冈山斗争时期,我军牺牲的最高将领,谱写了一曲红色咏叹调。

少年时期的卢德铭,受"五四运动"的影响,阅读《新青年》等进步书刊,开始接受马克思主义。1924 年,经孙中山面试、推荐,卢德铭被黄埔军校破格录取,并加入中国共产党。在戎马倥偬中,他写下一封封"行军书",话真挚亲情,谈执着信念,洋溢着热血青年的家国情怀,承载着革命者坚如磐石的忠诚信仰，诠释了共产党人一往无前的使命担当。

如果瑞勤要等我，我对她有几点要求：一要读书；二要革命；三不要缠脚。人生自古伤别离。一封家书中的"两要一不要"，寄托着革命者对爱情的美好向往。卢德铭希望恋人多读书，积极投身革命为国家作贡献，打破传统封建礼教的束缚，做个新时代的女性。恋人之间的红色情书，期待着两人成为志同道合的革命伴侣。

信仰是百折不挠的力量，一旦崇高的信念树立起来，任何力量都难以摧毁。1925 年，卢德铭参加东征，并坚持写家书：我们这次北伐，有这样的顺利进军，全靠群众的支持。他之所以有这样的感慨，是因为在战斗中感受到了人民群众力量之伟大。正是在一次次血雨腥风的洗礼中得到锤炼，卢德铭为人民服务的意志更加坚定。

"诗圣"杜甫在《春望》中写下佳句："烽火连三月，家书抵万金。"战乱频仍，一封家书是何等的珍贵！1927 年"四一二"反革命政变爆发，一大批共产党人遇难。为了革命信仰，卢德铭寄出最后一封家书："为了不连累家庭，今后我暂时不寄出家书，你们也不要来信……"简短而有力的话语，表达了革命者为信仰而战的勇气，为理想献身的决心。卢德铭早已将生死置之度外，国家的存亡，比个人、家庭的安危更为重要。

坚定的信仰是共产党人的政治灵魂，在危急时刻勇于并善于担当尤为珍贵。1927 年秋收起义受挫后，在 9 月 19 日的文家市前敌委员会会议上，毛泽东主张放弃攻打长沙，把起义军转移到敌人统治力量薄弱的农村山区。而师长余洒度顽固地坚持错误意见：取浏阳直攻长沙。卢德铭认为，再攻打长沙就有全军覆没的危险。这对于会议统一思想，最终通过毛泽东的正确主张，起到了至关重要作用。

毛泽东曾称赞德铭同志为革命保留了火种，他是一名出色的军事指挥员，他的一生是革命的一生，是战斗的一生。历史和人民永远不会忘记，卢德铭在秋收起义史上留下的浓墨重彩的一笔；永远不会忘记，卢德铭在为"农村包围城市"革命道路转折中作出的伟大贡献。

用生命兑现入党誓言

中共一大会址纪念馆内珍藏着一张工作证，泛黄的内页上写着：上海电力公司兹证明王孝和为本公司工人……"我一定用我的生命保卫党，保卫工人阶级的崇高事业，永不动摇，一直革命到底"，王孝和用生命兑现了入党誓言。

马克思在《路易·波拿巴的雾月十八日》中说：人们自己创造自己的历史，但是他们并不是随心所欲地创造，并不是在他们自己选定的条件下创造，而是在直接碰到的、既定的、从过去承继下来的条件下创造。读王孝和的人生，能够领会到这句话的真谛。1941年，王孝和加入中国共产党。上海励志英文专科学校毕业后，他被邮电系统和电力部门同时录取，组织上希望王孝和去上海电力公司，加强党在动力部门的力量。相比邮电，发电厂的条件更艰苦，可他二话没说，前往杨树浦发电厂报到。王孝和一边当发电管理室抄表员，一边组织读书会，宣传抗日救国的道理，成为工人们的贴心朋友。1946年，上海电力公司发生大罢工，王孝和积极组织工人参加罢工斗争。

"我是工人选出来的。凡对工人有利的事，我都有责任去做"。在反内战民主运动中，王孝和一直站在队伍前列。他在组织读书会的基础上，建立工人图书馆，并坚持为工会会刊写稿。1948年，王孝和当选为上海电力公司工会常务理事。为了加强对工会的领导，公司党组织将工会内的5名党员理事组成党团，由他任党团书记。在王孝和团结带领下，上海电力公司工人在同国民党上海反动当局的斗争中发挥了重要作用。

优秀共产党员是钢筋铸造的铮铮铁汉。1948年4月19日，国民党特务来到王孝和家，软硬兼施，威胁利诱，妄图使他"自首"。王孝和愤然地表示：我是上电2800名职工选出来的工会常务理事，只知道为会员说话办事，没有什么可以自首的。21日，特务逮捕王孝和，并关押至警备大队审讯。在轮番施以酷刑中，王孝和怒目以示，特务未得到一个字的口供。

接连数日，特务对他动用电刑，直至昏迷。王孝和意志坚强，顶住了敌人的摧残。

在法庭上，王孝和一次次当众解开衬衣，露出一处处血迹斑斑的伤痕，揭露敌人酷刑逼供的暴行。1948年9月24日，刑庭以所谓"连续教唆、意图妨碍戡乱治安未遂"的罪行，判处他死刑。王孝和坚定地表示：从我被捕的第一天起，就做好了这个准备。他说，死无所惧，只要我活一天，就要同敌人斗争，我的武器是公开揭露敌人的残酷和对人民的仇视。

王孝和牺牲前写下三封遗书：一封给父母，一封给妻子，一封给狱中难友。他给有身孕的妻子说，未来的孩子就唤他叫佩民！他寄望于战友：为正义而继续奋斗下去，前途是光明的，那光明正在向大家招手呢，只待大家努力奋斗！

树起一座不朽丰碑

"先祭谷公，后祭祖宗。"这一先一后，生动诠释了"入党为什么、当了干部做什么、身后留点什么"的历史之问。热爱人民、一心为民的人，必然受到人民的热爱，谷文昌在老百姓心中树立起一座不朽的丰碑。

"举首不见秃头山，下看不见飞沙滩，上路不被太阳晒，树林里面找村庄。"如今的东山绿树环抱、花田掩映，当年谷文昌描绘的愿景早已变为现实。谁能想到，昔日东山，风沙肆虐，旱涝为害，一片荒凉。民间流传着这样的民谣：春夏苦旱灾，秋冬风沙还；一年四季里，月月都有灾。一年里，6级以上大风天达150多天，森林覆盖率仅为0.12%；百年间，风沙不断吞没家园,外出当苦力、当乞丐的十之有一。

1950年,谷文昌随部队南下至福建,在东山县工作14年,其中任县委书记10年。"筑堤拦沙、种草固沙、造林防沙",经过调查研究,形成初步治沙方案。然而,种树不易,规律难寻,自1954年起先后8次大规模植树,均以失败告终。"不治服风沙,就让风沙把我埋掉",谷文昌率领东山人民在飞沙滩上"旬旬种树"。定时观察气候、湿度、风向、风力对新种木麻黄回青、成活的影响,终于摸清规律,总结出种植木麻黄的技术要点。

漫山木麻黄,正是东山岛蜕变的关键,也是谷文昌在东山树起的一座丰碑。至1964年,全县造林8.2万亩,其中400多座小山丘、3万多亩荒沙滩基本变绿,194公里的海岸线筑起"绿色长城",治服了"神仙都难治"的风沙,把一个荒岛变成宝岛,让海岛换了天地,让百姓换了人间。

政声人去后,丰碑在人间。凡谷文昌工作过的地方,只要提起他,人们都有说不完的敬重、道不完的思念、言不尽的呼唤。植树造林、治理风沙、修建水库,谷文昌总是冲在一线。新中国成立初期,谷文昌提出把"敌伪家属"改为"兵灾家属"的建议,一项德政,赢得十万民心。他经常深入田间地头,全县四五百名生产队长大多能叫出名字来，东山的山山水水闪动着他的身影，村村寨寨留下了他的足迹。

"当领导的要先把自己的手洗净，把自己的腰杆挺直"，谷文昌对待身边人一贯严格，甚至显得"不近人情"。身边的工作人员换了几茬，他没有提拔重用一个人；招收别人进单位，偏偏不安排自己的5个子女入公职。哪怕是一辆自行车，他也不许家人碰一碰，因为自行车不是自家财产，它姓"公"。

"我要和东山的人民、东山的大树永远在一起"，谷文昌长眠在赤山林场。50多年前，他带领干部群众栽下的木麻黄参天如盖，守护在墓旁，见证着这位"心中有党、心中有民、心中有责、心中有戒"好干部的满腔热血、一片忠诚。

老百姓心中大好人

  2013 年 5 月 23 日，时任四川北川羌族自治县副县长的兰辉，在下乡检查村道施工和地质灾害途中不幸坠崖，因公殉职。他用实际行动诠释了理想信念的时代意义和丰富内涵，是老百姓心中的大好人、好领导。

  "办公室"在路上，在现场。兰辉分管交通、安全等工作，哪里有难题，哪里就有他的身影。山里下雨道路塌方，他带队进山指挥抢险；高山道路冰冻积雪，他忙着撒盐、推车、铺棕垫；哪个路段提出工程变更，他带着交通、安监、发改、财政等部门到现场办公。兰辉的车上随时放着一个十字镐，人走到哪里检查工作就进行到哪里；随时备着两本被他翻得卷了边儿的书——《公路建设技术标准和施工规范》、本县编辑的《乡村道路建设手册》。

信念坚定，心系群众，始终把党和人民的事业放在心中最高位置。2008 年 5 月 12 日汶川地震时，兰辉被埋在崩塌的土堆里。他尽力刨开土块爬出来后，将周围的群众集结起来，带着他们往山外走，直至 5 月 14 日才走到老县城。虽然预料到家人可能遭遇不测，但他还是第一时间来到任家坪临时安置点，向县委书记、县长报到，并迅速投入紧张的抢险救灾工作。3 天后，兰辉才得知母亲和大嫂在地震中遇难。

"我认为他是一名合格的党员，合格的公务员，过去是，永远是。"兰辉殉职 3 年后，妻子周志鸿难掩内心悲痛，脱口而出。302 省道终于通车，兰辉在微博上招呼乡亲们回家过年。逢年过节合家团聚时刻，其实是他内心最歉疚的时候：整整 3 年，兰辉没有和家人一起过春节。按理说，一个副县长手里有那么多就业机会，随便搭句话也能给了家里人，可直到兰辉殉职，他的妻子和兄弟都是临时工。

"对利益的得与失，希望能保持一种'静'的心境。不以得而狂喜，不以失而忧悲。我要更加埋头做好工作。"1993 年，在给同事王玉梁的信中，兰辉这样写道。任副县长的 3 年里，兰辉的工作用车跑了 24 万公里。一般人也许对这个数字并不敏感，24 万公里就是一年 8 万公里，一个月 6000 多公里，平均每天 200 公里，包括节假日在内。

一个抛开了小格局的人，一个有情有义、满腔热血的人。兰辉不抽烟、不喝酒，在通口镇当镇长时，却为一位老大爷递过来的叶子烟破了戒。他知道，那不只是一杆烟，那里面是沉甸甸的情感。1996 年，在长途客车上与歹徒搏斗，他被打得昏倒在地。妻子心疼地嗔怪，可他执拗地说："这种事我得管，下次遇到还管！"

金杯银杯不如老百姓的口碑。兰辉先后荣获"全国优秀共产党员""全国人民满意的公务员""全国五一劳动奖章"等称号，2019 年被授予"最美奋斗者"称号。

第二章　军事艺术

"军叫工农革命，旗号镰刀斧头。"从红军时期的"十六字诀"，到抗日战争时期的"论持久战"，再到解放战争时期的"十大军事原则"，人民军队和革命根据地的创建者，从战争中学习战争，从实践中探索规律，在世界军事史上书写出战争指导艺术的生动篇章，彪炳史册、光照未来。

自信人生二百年　会当水击三千里

　　"将军百战死，壮士十年归。"1963 年 12 月，惊闻罗荣桓去世的噩耗，毛泽东写下吊唁之诗："记得当年草上飞，红军队里每相违。长征不是难堪日，战锦方为大问题。斥鷃每闻欺大鸟，昆鸡长笑老鹰非。君今不幸离人世，国有疑难可问谁？"回望人民军队的创立与发展，在党指挥枪的原则下，千千万万将士矢志不渝听党话、跟党走，在挫折中愈加奋起，在困苦中勇往直前，铸就一支拖不垮、打不烂、攻无不克、战无不胜的钢铁雄师，涌现一批批"人生自古谁无死，留取丹心照汗青"的血性英雄，尽显"只解沙场为国死，何须马革裹尸还"的人生信条。

共产党的第一任总司令

　　南昌起义,他任前敌总指挥;广州起义,他任工农红军总司令。他,就是人民军队创建人之一的叶挺。毛泽东曾当面评价叶挺:你是共产党的第一任总司令,人民军队的战史要从你写起。这是因为,广州起义首次打出了"红军"旗号。

　　叶挺先后就读于湖北陆军第二预备学校,河北保定陆军军官学校。1924 年前往苏联学习,同年 12 月加入中国共产党。1925 年,中共广东区委书记陈延年和军委书记周恩来等人决定,建立一支由中国共产党直接领导的革命队伍。经过同国民政府负责人以及第四军军长李济深商议,选择在第四军 12 师组建第 34 团,叶挺任团长。1926 年 1 月,34 团改番号为独立团。

"用兵之道,教戒为先。"叶挺以苏联红军的模式要求军队,开展反贪污、反打骂、反报假"三反"运动。在北伐战争中,他带领独立团进攸县、打醴陵、克平江、夺汀泗、取咸宁、占贺胜,攻无不克,战无不胜。1927年1月,汉阳兵工厂受民众委托,制作一块高1米、宽0.5米的铁盾牌,赠送第四军,盾牌正面镌刻着两个红色隶书大字:铁军。叶挺独立团代表第四军接受这块盾牌,"铁军"威名由此远播,"北伐名将"享誉中外。

叶挺一生功勋卓著,周恩来赞扬他为新旧四军立下了解放人民的汗马功劳。在日寇入侵、国家存亡之际,叶挺出任新四军军长指挥开展游击战争,创建抗日根据地。仅一年内,对敌作战达500多次,毙伤日伪军超过7000人。1940年,他率部取得反"扫荡"重大胜利。1941年1月,"皖南事变"震惊中外。叶挺谈判时,被非法扣押。1月18日,周恩来在《新华日报》题词:"千古奇冤,江南一叶,同室操戈,相煎何急?!"这一名篇,对国民党顽固派的暴行进行了揭露和抗议。

出任新四军军长时,叶挺已脱离党组织10年之久。为了表达对党的忠诚,他1937年抵达延安并表示:"革命好比爬山,许多同志不怕山高,不怕路远,一直向上走。我有一段爬到半山腰又折回去了，现在又跟上来。今后一定遵照党所指示的道路走。"被囚5年多，他不惧国民党威逼利诱，写信表示"个人之操守至死不可变"；并作《囚歌》明志："在烈火和热血中得到永生"。1946年3月5日，叶挺获得自由的第二天，就写下人生第二份入党申请。毛泽东对同意他入党的批复做过三次修改，亲笔将抬头改成"亲爱的叶挺同志"。

1946年4月8日，叶挺等人乘机从重庆返延安失事，史称"四八"空难。陈毅闻讯悲愤难抑，写下挽诗，最后几句为：我佩君忠贞不屈，服务人民，不愧革命家的气概。我只望你的遗风长存，化育无数后继之英材。将军之魂魄兮，归去来，归去来！

中国工农红军第一军军长

1930年初，大别山区已有3支红军队伍，开辟了3块革命根据地。随着革命形势的迅猛发展，许继慎被派往这一地区任中国工农红军第一军军长。临行前，他向中央军委书记周恩来表示：此去必为革命为人民同蒋介石国民党反动派决一死战，坚决完成党交给的光荣任务。

黄埔军校是将星的摇篮。在中华人民共和国现有的36位军事家中，有10位毕业于黄埔军校，加上在校任职的周恩来、叶剑英、聂荣臻，共有13人之多。1924年5月，许继慎考入黄埔军校第一期，同年加入中国共产党。1926年任叶挺独立团第2营营长，他身先士卒，在贺胜桥战役中身负重伤仍坚持指挥战斗。1927年5月在反击夏斗寅叛乱中，时任团长的许继慎率3个连队向叛军猛烈攻击，被子弹击中胸肋仍坚守岗位指挥，直到平息叛乱。"七一五"反革命政变后，汪精卫曾以独立师师长的职位作诱饵，妄图策动许继慎叛党，被他断然拒绝。

《徐向前元帅回忆录》中有这样的记载，"把三个师捏在一块，许继慎是很有功劳的"。大别山坐落在安徽、湖北、河南三省交界处，是长江与淮河的分水岭，历来战略地位十分重要。当时的红31、32、33三个师，虽然按照红十一军番号命名，但没有军部；并分属3个省党组织的领导，没有形成统一的指挥，不利于红军主力集中作战和协同作战，不利于整体作用的发挥。1930年四五月间，许继慎与鄂豫皖特委书记郭述申、军政治委员曹大骏、副军长徐向前等领导，整编红十一军下属3个师为红一军第1、2、3师，实现了鄂豫皖红军的统一指挥。红一军组建不久，就攻克皖西和京汉铁路南段许多城镇，部队由2300多人发展到5000余人，相继取得英山、四姑墩、光山等战斗的胜利。

1931年1月，第一、十五军合编为第四军，许继慎先后任第11、12师师长。鄂豫皖苏区第一次反"围剿"期间，他率部进逼京汉路信阳南段。3月1日，夜袭李家寨车站，击毙国民党新 12 师 1 旅旅长侯镇华;5 日，袭占柳林车站，并再度攻占李家寨车站，全歼国民党新 82 师一个营，击溃新 12 师两个团;9 日，与红 10 师一起取得双桥镇大捷。第二次反"围剿"期间，他率红 11 师一个团和红 10 师一个团，歼国民党 2000 多人，恢复皖西根据地，巩固和扩大了鄂豫皖苏区。

周恩来说过，许继慎政治上很强，很能打仗，把叶挺独立团的战斗作风带到了红四方面军。1931 年，许继慎明确反对张国焘提出的远离苏区、冒险进攻的错误军事方针。加之，国民党特务实施离间阴谋，致使他遭到非法逮捕。同年 11 月，许继慎被杀害于河南光山。1945 年，党的七大为他平反昭雪。

勇于摸索和实践新战法

红十五军主要创始人之一的蔡申熙，勇于摸索和实践新战法，创造出一系列经典战例。徐向前在《历史的回顾》中写道：他不仅具有战略家的胆识和气度，而且在历次战役战斗中机智果断，勇猛顽强，因而在红四方面军中有很高的威望。

1924年，蔡申熙考入黄埔军校，同年秋加入中国共产党。1925年至1927年，他先后参加东征、北伐战争和南昌起义、广州起义。1928年起，蔡申熙任中共江西省委军委书记、吉安东固地区游击队第1路总指挥。他指挥部队进行波浪式扩张，有力地配合了井冈山的斗争，被群众称赞为"上有井冈山，下有东固山"。

1930年春,蔡申熙赴鄂东南领导游击斗争,指挥红八军第4、5纵队北渡长江,五战五胜打出了军威。同年10月,组建起红十五军。1931年1月,红十五军与红一军合编为红四军,蔡申熙任红10师师长。当时侵入我根据地的敌军固守不出,曾中生、徐向前、蔡申熙、许继慎"四位黄埔生",想出三种破敌之法,并将试阵任务交给蔡申熙。

试阵的第一仗:围攻磨角楼。磨角楼驻军虽只有一个营,但筑建起坚固的纵深防御体系。蔡申熙率主力做出强攻姿态,迫使守敌向后方求援。敌派4个团紧急驰援,被徐向前逮个正着。磨角楼一仗,开了围点打援的先河。这一战术,也成为我军克敌制胜的法宝。

试阵的第二仗:强攻新集。新集三面环山、东临黄河,城墙高两丈有余,城池碉堡异常坚固。蔡申熙每天发动佯攻,暗地却挖了一条坑道,穿到城墙底下。然后,将数百斤烈性炸药塞进棺材,推到坑道尽头。随着一声巨响,红军战士冲进镇内,全歼守敌。据考证,这是红军最早进行坑道作业的战例。

试阵第三仗:双桥镇大战。兵法曰:倍则攻之,十则围之。敌师长岳维峻部有超过6个团的兵力,红军参战部队也只有6个团,兵力略处下风。按照常规,只能打击溃战,然而,这一仗硬是被这个"霸得蛮"的湖南汉子，打成了歼灭战。这是红四军第一次通过飘忽作战即运动战取得歼敌一个师的大捷。

在双桥镇大战中身负重伤的蔡申熙说："我虽然手不能拿枪，脚还能走，口还能讲，可以分配我一点工作。建设一支正规的红军，最难的是干部培养，而培养干部最难的又是高级干部的培养，让我到彭杨军校去办学吧。"治军先治校。他把全部心血放在办校上，训练了 1000 多名学员，培养出大批营团干部。

1932 年，国民党发动第四次"围剿"。红二十五军在守霍邱县城时，伤亡巨大；危急关头，蔡申熙担任军长。徐向前说过，在河口镇地区的作战中，他身负重伤后，躺在担架上指挥战斗，直至坚持到胜利，充分表现了一个杰出红军高级指挥员的责任感和无畏精神。他的牺牲，是红四方面军的重大损失。

共和国第一号烈士

    1952 年 8 月 3 日，毛泽东为段德昌烈士家属签发"革命牺牲军人家属光荣纪念证"，其编号为第零零零壹号。走进段德昌生平业绩陈列馆，站在一件件史料、一张张图片前，这位中华人民共和国第一号烈士的一生，让人动容，为之感叹。

    10 岁的段德昌，就以诗文对联出口成章，小有名气。一天，湖南南县劝学所严世杰所长到五德书屋巡学时出一上联："孔夫子、关夫子，两位夫子，圣灵威德同结万世。"段德昌对道："著春秋、看春秋，一部春秋，庙堂香火永续千秋。"1925年，段德昌加入中国共产党，后到广州入黄埔军校受训，再转入中央政治讲习班学习。他 1926 年参加北伐战争，1927 年参加八一南昌起义，曾介绍国民党军湖南独立第5师1团团长彭德怀入党。

"我是洞庭湖水养大的，湖乡人的胸怀像洞庭湖和洪湖一样宽阔。湖乡人起来团结闹革命，憎恨黑暗，向往光明，斗争性强啊，我们有洪湖人民的支持，一定能打出一个红彤彤的新世界。"从1928年起，段德昌任中共鄂西特委委员，鄂西游击总队参谋长、独立师师长，率部在监利、沔阳交界地区创建游击根据地；并与战友们一道，首创"敌来我飞、敌去我归、敌多则跑、敌少则搞"的游击战术。1929年10月，他率部击溃比游击队多10倍兵力的国民党正规军，创造了游击队首次在洪湖战胜敌正规军的辉煌战例。

"有贺不倒，无段不胜。"这句民谚是说，贺龙是红二军团的一面旗帜，而段德昌是湘鄂西根据地的一位战将。1930年2月，段德昌参与创建以洪湖为中心的湘鄂西苏区。1931年1月至5月，国民党向洪湖苏区发动两次大规模的"围剿"。段德昌率新六军、赤色警卫总队，采取"避其主力，打其虚弱"的战术，在运动中灵活机动地歼灭敌人，相继挫败了国民党军的"围剿"。1932年上半年，段德昌率红9师，采取游击战和运动战相结合的方法，连续取得龙王集、文家墩、新沟嘴等战斗的胜利，保卫和扩大了苏区。从此，段德昌"常胜将军"的美名，在洪湖地区广为流传。

1932年秋，由于"左"倾冒险主义的错误指导，未能挫败国民党军的"围剿"，第三军被迫离开洪湖苏区。段德昌率红9师担负阻击、断后等艰巨任务，经豫西南、陕南、川鄂边，转战3500余公里于12月下旬到达湘鄂边。

"洪湖水呀，浪呀嘛浪打浪啊，洪湖岸边是呀嘛是家乡啊……"1933年5月，因苏区内部"肃反"扩大化，段德昌被错杀。临刑前，他挂念的还是革命："共产党人砍脑壳也要讲真话，我相信中国革命一定会胜利，红军要打回洪湖去，不要忘记了洪湖人民。"

文武全才反"围剿"

　　毛泽东曾指出，十年的红军战争史，就是一部反"围剿"史。曾中生多次组织指挥反"围剿"作战，并系统地总结反"围剿"作战经验，对鄂豫皖、川陕革命根据地的创建和发展，对红四方面军的发展和壮大，立下了不朽的功勋。徐向前称赞他：能文能武、智勇双全。

　　曾中生从小勤奋好学，才华出众，爱好习武。他和弟弟曾希圣向名师请教，日子一久，便练出些功夫来，成就了革命路上的传奇兄弟。1925年，曾中生考入黄埔军校第四期，同年加入中国共产党。他1926年参加北伐战争，1927年入莫斯科中山大学学习，1928年任中共南京市委书记和中共中央军事委员会委员、武装工农部部长等职。

"围剿"与反"围剿",是第二次国内革命战争的主要形式。1930年9月,曾中生以中共中央特派员身份赴鄂豫皖革命根据地工作。11月28日,他来到原鄂豫特委秘书处所在地之际,正值国民党对鄂豫皖苏区发动第一次"围剿"的危急时刻。曾中生果断组成中共鄂豫皖临时特委和临时革命军事委员会,统一指挥反"围剿"作战,以广泛的群众游击战争对付优势敌人,并取得胜利。

1931年2月,曾中生任中共鄂豫皖特委书记和军委主席。他组织并指挥磨角楼、新集、双桥镇等战役,挫败了国民党的第二次"围剿"。同年4月,曾中生任中共鄂豫皖中央分局委员和军委副主席、第四军政治委员,与军长徐向前率部南下作战,连克英山、蕲水等县城,并相继取得漕河镇、洗马畈等战斗胜利。1932年夏,他率部参加第四次反"围剿",在七里坪战斗中负伤。

1932年10月,曾中生随红四方面军主力撤离鄂豫皖苏区,12月任西北革命军事委员会参谋长,参加创建川陕苏区的斗争。这一期间,曾中生虽然处境艰难,但仍致力于加强部队军事训练,注重军事理论研究,系统总结红四方面军反"围剿"

作战经验,先后撰写了《与川军作战要点》《游击战争要诀》等军事著述。特别是在近 3 万字的《与"剿赤军"作战要诀》中,他详细地分析国民党军队的 10 种"围剿"战法,总结关于人民战争,关于集中优势兵力各个击破,关于持久战、速决战和运动战等战略战术,后印成小册子作为红四方面军训练部队、组织指挥战斗的必用教材。这本小册子和《与川军作战要点》《游击战争要诀》,随着红四方面军指战员艰苦转战最终带到延安。这为毛泽东 1936 年撰写《中国革命战争和战略问题》,提供了丰富的素材和依据。

1933 年,曾中生被张国焘以"右派首领"等罪名逮捕,并长期监禁。1935 年,被秘密杀害于四川西北部的卓克基。1945 年,党的七大为他平反昭雪。

"两杆子"都硬的将才

兵法云：善战者，致人而不致于人。善于指挥作战的人总是调动敌人，而不是被敌人调动。作为中国工农红军和八路军的高级指挥员，毛泽东对左权有过这样的评价：他吃的洋面包都消化了，这个人硬是个"两杆子"都硬的将才。

左权 1924 年入黄埔军校，1925 年先后在莫斯科中山大学、伏龙芝军事学院学习。1930 年回国后，任中国工农红军学校第 1 分校教育长。有一次讲授射击原理课，他说到弹道的弧形时，一些学员总觉得射出的子弹是一条"直道道"。左权便举例说："你们都看过顽童撒尿吧，他那个'弹道'是一条直线呢，还是弧形的呢？"学员们哄堂大笑，问题迎刃而解。

1931 年 12 月，左权参与联络和指导国民党军第二十六路军举行宁都起义。1933 年后，他任中革军委第一局局长、红一军团参谋长，参加了中央苏区历次反"围剿"作战。长征途中，左权参与指挥强渡大渡河、攻打腊子口等战斗。在大渡河战斗中，他率部直取小相岭隘口、攻下越西县城后，一天急行军 140 华里，越过晒经关，攻占大树堡渡口，以佯渡态势转移国民党军对安顺场方向的注意，掩护了红 1 师渡河。

1936 年，代理红一军团长的左权率部西征，并参与指挥了山城堡战役。全国全面抗战爆发后，左权任八路军副参谋长、八路军前方总部参谋长等职，协助朱德、彭德怀指挥八路军开赴华北抗日前线，粉碎日伪军"扫荡"，取得"百团大战"等胜利，威震敌后。1941 年 11 月，日军第三十六师团及其独立混成旅团各一部 7000 余人，向黄崖洞进攻，负责保卫的是八路军总部特务团。左权要求抓住一个"稳"字，坚持不骄不躁、不惶不恐、以守为攻、以静制动的作战原则，这一仗日伪军损失 2000 余人，双方伤亡比例 6 : 1。中央军委认为：这次保卫战是最成功的一次，不仅我受到损失少，同时给了日军数倍杀伤，应作为 1941 年以来反"扫荡"模范战斗。

朱德赞誉左权，中国军事界不可多得的人才。从 1939 年至 1941 年，左权撰写了《论坚持华北抗战》《埋伏战术》《袭击战术》《战术问题》《论军事思想的原理》等 40 余篇文章。他为创建并巩固华北抗日根据地，发展和壮大人民抗日武装，为八路军的全面建设，建立了不朽的功勋。1942 年 5 月 25 日，左权在十字岭战斗中壮烈殉国。6 月 21 日，周恩来撰文称赞：左权足以为党之模范。10 月 10 日，彭德怀撰写并手书《左权同志碑志》。

"名将以身殉国家，愿拼热血卫吾华。太行浩气传千古，留得清漳吐血花。"1950 年 10 月 20 日，《人民日报》载文评价：左权融合 1925 年—1927 年大革命时代，内战时代及苏联红军最先进的战术，为中国著名游击战术创造人之一。

为国为民奋斗二十载

　　"为民族为群众二十年奋斗出生入死功垂祖国，打日本打汉奸千百万同胞自由平等泽被长淮"，彭雪枫为国为民奋斗 20 载，出生入死，南征北战，智勇双全，战功卓著，被毛泽东、朱德誉为共产党人的好榜样。

　　1926 年，彭雪枫加入中国共产党。1930 年起，他参加了长沙、吉安、赣州、漳州、水口等战役战斗和中央苏区历次反"围剿"作战。彭雪枫不仅是红三军团中的一员勇将，而且善于做思想政治工作，被称为"讲道理的政治委员"。1932 年，师长郭炳生企图挟所属第 5 团叛变投敌，彭雪枫仅带随行武装急追 5 天，将全体指战员带回与主力会合，荣获"红星奖章"。

临危受命，勇于担当。中央红军第五次反"围剿"失败进行战略转移的危难形势下，彭雪枫调任中革军委第一局局长。在攻打娄山关战斗中，他率红13团担任正面主攻任务，战后率部向遵义方向猛追，与兄弟部队全歼守军。兵贵神速，接着占领老鸭山，取得遵义战役的胜利。

1936年，彭雪枫被秘密派往太原等地，做团结各界爱国人士联合阎锡山抗日的统一战线工作，为八路军深入山西敌后抗日奠定了基础。1937年的一天，他对段佩明和钟致远说："在临汾时，我们办学兵队，到竹沟办的是教导队，现在我们要办随营学校，抗战需要人才啊！"1938年，彭雪枫组织开展豫西敌后游击战，走上运筹中原抗战的第一线。同年11月26日，新四军游击支队随营学校在河南杞县傅集成立。随营学校坚持边打仗边办学，边生产边办学，仗打到哪里，学校就办到哪里，被广大军民形象地称为"马背学校"。1939年，在开辟豫皖苏边抗日敌后根据地的战略决策下，彭雪枫率部挺进敌后，宛如一把利刃插入敌人心脏。1942年11月13日起，日伪军分5路对淮北抗日根据地进行"扫荡"。为跳出敌人的合围圈，他指挥发动大小战斗37次，日伪军12月16日全线撤退，淮北军民取得33天反"扫荡"的胜利。

彭雪枫一次次深入敌后险境，圆满地完成了党交给的各项任务。从 1938 年至 1944 年，他领导根据地军民进行大小战斗 3760 次，累计歼敌 48000 余人，堪称"虎胆英雄"。

"没有文化的军队是愚蠢的军队，而愚蠢的军队是不能战胜敌人的。"彭雪枫刻苦学习毛泽东军事著作，博览古今中外兵书，还是一位出色的军事教育家。他撰写《娄山关前后》《豫皖边两年来平原游击战总结》等文章，编写《游击战术》《战略战术讲授提纲》等教材到抗日军政大学授课，并主持和创办了四师骑兵团、拂晓剧团和《拂晓报》。

诺曼底登陆 50 周年之际，英国女王批准将威尔克圣宝剑转赠给彭雪枫将军纪念公园，以纪念他在世界反法西斯战争中为民族解放作出的卓越贡献。

锻造一支"战略轻骑"

1934 年 10 月，中央红军被迫长征。他率红九军团掩护中央机关和红军主力北上，表现出高超的指挥艺术，中央军委赞誉红九军团为"战略轻骑"。而锻造这支"战略轻骑"的功臣，就是电影《从奴隶到将军》中的主人公原型：罗炳辉。

毛泽东曾这样评价罗炳辉，在滇军中是革命的，是一位战争经验丰富，有军事才能，很会打仗的战士。罗炳辉 16 岁入滇军，参加讨袁护国和北伐战争，在占桂林、攻广州、平陈炯明之战役中，屡建战功。1929 年 7 月，他秘密加入中国共产党，11 月率部起义。

该出手时就出手，否则当断不断、反受其乱。罗炳辉"三进"张家渡的故事,广为流传。张家渡为一古村,位于赣江中游,军事位置非常重要。1929年,他率靖卫队"一进"张家渡。当时靖卫队匪气很重,对村民肆意抢劫。罗炳辉得知后,严厉呵斥犯事士兵,并带着他们挨家挨户进行补偿和道歉。同年12月转战吉安,"二进"张家渡时遭到保安团的反抗。他当机立断喊话:"我们都是穷人,穷人别打穷人,还是加入我们的队伍吧。"许多人举枪投降,纷纷加入红军。1930年2月,国民党独立15旅进攻苏区,罗炳辉率部夹击唐云山部获得大胜,旅长唐云山等人逃跑,罗炳辉"三进"张家渡击毙匪徒3人,老百姓闻讯纷纷挽留他用餐。

在中央苏区历次反"围剿"作战中,罗炳辉采取灵活机动的战略战术连战连胜,荣获中革军委颁发的二等红星奖章。1935年,他率红九军团渡过金沙江,从西昌进入凉山彝区,与彝族同胞交朋友,沿途彝族同胞积极参加红军,由此摆脱国民党军队的围追堵截,实现了北上抗日的战略意图。

抗日战争全面爆发后,罗炳辉创造出包括伏击、纠缠、阻击、扰乱、歼灭等内容的"梅花桩战术"。他指挥军民运用这一战术,粉碎了日军一次次进攻。其中,以金牛山反击战尤为著名。他撰写《淮宝战役的战术诸问题》《指挥员熟用手册》《碉堡作战》等小册子，坚持写作战日记，提出"发挥火力，隐蔽身体"10个要点和"如何做到百发百中"七个要点，指出"冲锋时机"有"五冲"和"五不冲"，注重对战略战术与技术进行高度总结和概括，以指导作战和训练，多次创造了以少胜多的战例。

1946年的枣庄战役中，罗炳辉率部歼灭国民党军队2.8万余人，受降4000余人，为解放军主力部队向东北进军创造了有利条件。同年6月21日，罗炳辉因病去世。他用毕生的精力实现了自己的诺言：人生最快慰的是真正勇敢地牺牲个人的一切利益，最热诚努力地为民族独立、自由解放而斗争，尤其要为劳动大众的解放和利益，以真理、正义、公道为人类的幸福而斗争。

中国有一个光明前途

"目前的中国，固然是山河破碎，国弊民穷，但谁能断言，中国没有一个光明的前途呢？"明者远见于未萌，知者避危于无形。方志敏一生心向光明，他"清贫，洁白朴素"的生活，回答了什么是真正的穷与富，什么是人生最大的快乐，什么是革命者的伟大信仰，人到底怎样活着才有价值。

毛泽东称赣东北革命根据地为"方志敏式"的根据地。方志敏1924年加入中国共产党，1925年回家乡开展农民运动，1928年创建赣东北革命根据地，领导组建中国工农红军第十军。1934年，他率红十军团北上抗日，途中遭国民党重兵围追堵截，于1935年1月29日被俘。

用敌人劝降的纸笔，写下一个共产党人对信仰的忠诚与执着。"我是一个黑暗的憎恶者，我是一个光明的渴求者"，方志敏坚定的信仰源于对科学理论的笃信。入党之初，他就写下："不管阶级敌人怎样咒骂诬蔑共产党，但共产党终竟是人类最进步的阶级——无产阶级的政党。它有完整的革命理论、革命纲领和最高尚的理想；它有严密的党的组织与铁的纪律，它有正确的战略和策略，它有广大的经过选择而忠诚于革命事业的党员群众，并且它还有得到全党诚心爱戴的领袖……从此，我的一切，直至我的生命都交给党去了！"入狱之后，他写道：敌人只能砍下我们的头颅，决不能动摇我们的信仰！因为我们信仰的主义，乃是宇宙的真理！为着共产主义牺牲，为着苏维埃流血，那是我们十分情愿的啊！

"清贫，洁白朴素的生活，正是我们革命者能够战胜许多困难的地方"，清贫不是贫穷而是一种境界。方志敏被捕后，两个国民党士兵只在他身上搜到一块表和一支自来水笔。他们根本不相信："你骗谁，像你当大官的人会没有钱？"答案写在方志敏的遗稿中："我从事革命斗争，已经十余年了。在这长期的奋斗中，我一向是过着朴素的生活，从没有奢侈过。经手的款项，总在数百万元；但为革命而筹集的金钱，是一点一滴地用之于革命事业……而矜持不苟，舍己为公，却是每个共产党员具备的美德。"

面对死亡，回首往事，方志敏多次写下"奋斗"二字，坚定的信仰体现在革命者生死抉择上。"吃不得苦，革不得命，苦算什么，愈苦愈要干，愈苦我越快乐。"为劝降方志敏，国民党不择手段地进行威逼利诱。在一场提审中，法官"善意"提醒他不要固执己见，所谓共产主义不过是盲从，或需要很长时间才能实现的东西，不值得用现实的生命去换取。他有力地回答："我方志敏不爱爵位也不爱金钱。我完全知道这个结局。但既然不能两全，我只有选择一死。"

一切为了人民大众

"兵者，国之大事，死生之地，存亡之道，不可不察也。"1927年大革命失败后，刘志丹指出："我们没有枪杆子，只靠笔杆子不行。结果人家一翻脸，我们就只有滚蛋"，并强调："我们的一切是为了人民大众，不是为了个人。"他为创建红军和革命根据地，为中国人民的解放事业，建立了不可磨灭的功勋，被毛泽东誉为群众领袖，人民英雄。

组织领导渭华起义，是刘志丹创建革命军队的起点。刘志丹1925年加入中国共产党，1926年考入黄埔军校。1928年5月，他和谢子长等人领导国民党军新编第3旅与渭华地区的农民暴动队伍相结合，正式宣布起义，公开打出工农革命军的旗帜。

由于敌我兵力悬殊等原因，起义军遭到失败。但刘志丹毫不灰心，继续投入战斗。同年冬，他到达榆林担任陕北特委军委书记。1929 年，刘志丹在红石峡主持召开陕北特委会议，提出了"变敌人的武装为革命的武装"的重要思想。这次会议还决定，采取以"红色""白色""灰色"三种形式开展武装斗争，创建革命武装。1931 年，他把南梁地区的游击武装连同分散活动在合水、庆阳山区的民间武装，改编为南梁游击队；1932年又改编为红二十六军第 2 团，这是陕甘地区建立的最早一支正规红军。

陕甘边与陕北两地区的红军会师，是西北地区红军发展的里程碑。1935 年 1 月，刘志丹率红二十六军北上到达安定县，同谢子长领导的红二十七军会合。2 月 5 日，中共陕甘边特委和陕北特委举行联席会议，决定成立中共西北工作委员会、西北革命军事委员会。从此，红二十六军、二十七军，在西北革命军事委员会的统一领导和指挥下，逐步成长壮大为中国工农红军的一支重要力量。正因为如此，刘志丹亦被朱德赞为忠实英勇的红军领导。

刘志丹经常教育部队顾全大局，绝对服从中共中央的领导和调遣。在他的影响下，陕北红军与中央红军团结一致，共同对敌。周恩来曾评价说：刘志丹同志对党忠贞不贰，很谦虚，最守纪律，他是一个真正具有共产主义品质的党员。在领导革命斗争中，刘志丹不断发挥自己的军事才能，成为中国人民解放军发展史上36位杰出的军事家之一。

1936年春节过后，刘志丹率部东渡黄河，到山西打通抗日道路。4月14日，在与敌人的激战中不幸牺牲。毛泽东悲痛地说：他的英勇牺牲，出于意外，但他的忠心耿耿为党为国的精神永远留在党与人民中间，不会磨灭的。后来，在一次干部大会上，他又语重心长地说：一个人死了开追悼会，群众的反映怎样，这就是衡量的一个标准，刘志丹同志牺牲后，陕北的老百姓伤心得很，这说明他是真正的群众领袖。毛泽东的两次讲话，是对刘志丹光辉一生的最好褒奖。

第三章　党性作风

作风问题本质上是党性问题，党性强则作风正。解决"其兴也勃焉，其亡也忽焉"的历史性课题，充分发扬民主，大力践行党的群众路线尤为关键。坚持有事多商量，遇事多商量，做事多商量，抓重点、补短板、强弱项，才能有效化解人民群众身边的操心事、烦心事、揪心事。

春风杨柳万千条 六亿神州尽舜尧

　　党的作风是党的形象，是观察党群干群关系、人心向背的晴雨表。"魂飞万里，盼归来，此水此山此地。百姓谁不爱好官？把泪焦桐成雨。生也沙丘，死也沙丘，父老生死系"，这出自习近平1990年撰写的《念奴娇·追思焦裕禄》。党性强、作风正，尊重人民、相信群众，党和人民尽显鱼水情，亲如一家人。"欲影正者端其表，欲下廉者先之身。"牢记"生于忧患，死于安乐"的古训，牢记"我们决不当李自成"的警示，牢记"两个务必"的要求，严以修身、严以用权、严以律己，谋事实、创业实、做人实，就能想群众之所想，忧群众之所忧，解群众之所难。

有一分热就发一分光

唐朝诗人李商隐有名句："春蚕到死丝方尽，蜡炬成灰泪始干。"共产党人萧楚女说："人生应该如蜡烛一样，从顶燃到底，一直都是光明的。"他的一生就像一支永不熄灭的"红烛"，光明磊落燃尽自己，点燃大片革命火种。

有一次，萧楚女在农讲所讲课时，因工作繁重、生活紧张，突然吐血。学生们劝他回宿舍休息，萧楚女却坐在一张藤椅上，喝了一杯热水，稍事休息后说："你们劝我休息，谢谢同学们的关怀，可是我不能休息，不上一小时课，就要浪费你们许多时间啊！"他稍停一会儿后继续说，"你们想一想，蜡烛不是燃烧了才能放光明吗？我们要像蜡烛一样，在有限的一生中，有一分热就发一分光，给人以光明、给人以温暖，我们都要有这种精神！"

1920年，萧楚女参加恽代英在武汉创办的"利群书社"，开始走上有组织的斗争道路。1923年，在重庆担任《新蜀报》主笔，撰写了大量的政论、社论。他的笔锋犀利，战斗性强，矛头所向不是"指责土酋军阀，就是痛骂贪官污吏"，就连反动派控制的报刊也赞叹其文章："字夹风雷，声成金石。"1924年，萧楚女任中共中央驻四川特派员，组织四川平民学社出版刊物《爝光》。1925年，他写成《国民革命与中国共产党》一书，对戴季陶主义进行了有力批驳。

1926年1月后，萧楚女到广州任国民党中央宣传部干事兼政治讲习班教授，以及黄埔军校政治教官等职。他以手中的笔为武器，纵横驰骋在舆论阵地上，宣传马克思主义和救国救民真理，是我们党一位早期青年运动领导人。

有一天，萧楚女到黄埔军校演讲，来听课的人特别多，校方临时决定将会场改在大操场。由于没有扩音设备，他几乎是边喊边讲。"再大点儿声！"后面的学生仍在大喊。萧楚女略停片刻，吸口气、运足劲，把声音提到最大限度。突然，"嘣"的一声，他只觉腰间陡然一松，裤带崩断了，赶忙按住裤子。

台下的人都聚精会神地听着，却没有察觉到他的窘迫。萧楚女一手叉腰，一手挥臂，讲了整整 90 分钟。事后，他对朋友说："此为平生第一窘事。"

1927 年 4 月，萧楚女在广州反革命大屠杀中被捕。行刑官对他说："萧教官，你不是常把自己比喻为蜡烛，照亮别人，毁灭自己吗？你这根蜡烛快要熄灭了，在这生死一瞬间，你愿意改悔吗？"萧楚女高声道："你们杀吧！真正的共产党人是不怕死的，共产主义运动是镇压不了的。"

"忽反顾以流涕兮，哀高丘之无女。"此"女"出自《楚辞》，是指神女，因屈原是楚国人，神女也可称楚女。萧楚女一生短暂，并非楚楚动人的美女，但活出了楚楚动人的人生。

已摈忧患寻常事

"浪迹江湖忆旧游，故人生死各千秋。已摈忧患寻常事，留得豪情作楚囚。"恽代英说自己总是"摸黑路"前行，他的许多活动带有摸索性质，至今予人深刻启迪。

1936 年，毛泽东向美国记者埃德加·斯诺谈到，有三本书特别深地铭刻在他的心中，建立起他对马克思主义的信仰。这三本书中，就有恽代英翻译的《阶级争斗》。1920 年 10 月，恽代英翻译恩格斯著作《家庭、私有制和国家的起源》的部分章节，译名为《英哲尔士论国家的起源》。同年底翻译考茨基的《阶级争斗》，新青年社于 1921 年出版。

马克思说过，理论只要彻底，就能说服人。恽代英将利社会、利国家、利天下作为思想起点，用彻底的理论带领青年追求真理。他指出："皇帝时代的主人翁就是皇帝"，现代社会的"主人翁就是民众"；并主张把人民利益放在首位，"我们是要谋全体人民的利益和政治，不是要谋任何优等阶级利益的政治"，国民革命是为了谋取"占国民大多数的工人、农民的利益"。周恩来曾这样说：恽代英永远是中国青年的楷模。他的精神永远不会过时。

青年运动必须走与群众相结合道路的观点，是恽代英较早提出的。"他们要是革命的，便不应离开群众。他们果真为革命工作，便应钻到群众中间去，去和群众融洽起来，探知群众的生活、习惯、心理及要求。我们与群众发生了密切关系，群众才能相信我们，而且我们才能有把握地宣传群众。这样革命工作，才能有基础，才能成功。"恽代英倡导党员只有到群众中去了解群众需求，学习群众方法，得到群众信任，才能赢得强大的革命力量。他还是较早关注农民问题的，赞同党深入农民群众中去。可以说，恽代英的群众观是党的群众路线的早期雏形。

1920 年，毛泽东提出：主义譬如一面旗子，旗子立起了，大家才有所指望，才知所趋赴。对怎样使主义始终如一地得以贯彻，他后来一言以蔽之——加强纪律性，革命无不胜。很巧合的是，恽代英也提出"党的两种要素——主义和纪律"，"只有严整的纪律，可以保证团结精神统一意志的行动"。1926年，他还在《黄埔潮》上发表《党纪与军纪》一文，阐明党和军队的关系："在党军中间，党高于一切"，并指出"强调党纪的同时，重视军纪"。恽代英用自己的信仰、纪律和理论自觉告诫人们：主义与纪律是革命熔炉中锻炼共产党人品质的特殊原料，是党和人民事业不断推向前进的"基因密码"。

积极倡导无产阶级革命文学，坚决反对洋八股。恽代英号召青年作家从"象牙之塔"和"亭子间"走向社会生活，投入革命斗争实践中去，创造出革命的文学，达到宣传人民、教育人民、鼓励人民，为民族解放和自己解放而斗争。

彰显专精廉本色

被称为"红色大管家"的毛泽民，是中国红色金融事业的开拓者和奠基人之一。中央苏区时期，他白手起家、励精图治；红军长征时期，他边作战边筹粮筹款；抗日战争时期，他在新疆整顿财政金融；他的一生，彰显了专精廉本色。

参加革命前，毛泽民不仅把家里打理得井井有条，而且是韶山冲上屋场的"管家"。他1921年参加革命，同年底加入中国共产党。1931年进入中央革命根据地，后任中华苏维埃共和国临时中央政府财政委员会委员等职。在较短时间内，毛泽民解决了金融人才严重缺乏、没有准备金、多种货币混乱流通等困难和问题。1933年后，他领导苏区银行、财政、贸易、工矿等工作。1934 年中央红军被迫长征，苏维埃中央政府财政部和国家银行组成第 15 大队，毛泽民任大队长。15 大队被称为"扁担上的国家银行"，长征途中完成了运输、打土豪、筹粮筹款、保障供给等任务。

国家银行是苏区军民的"钱袋子"。除设计苏区纸币以外，毛泽民还要找当地老表用毛边纸制作技术生产印钞纸，而最让他担心的是纸币防伪问题。一连好几天苦思冥想，毛泽民都没有找到什么好方法。一天深夜，他一不小心衣袖被桌上的油灯烧了一下，发出"滋滋"的声音，一股火烧羊毛的焦臭味，顿时弥漫整个房间。"什么这么臭？"正在缝补衣服的钱希钧抬头问道。"衣袖不小心被烧了一下。"毛泽民回答妻子。

良久，毛泽民忽然一拍桌子欣喜地说："对呀，这就是很好的方法嘛！"接着，他说"我去找一下菊如"，便出门了。天微亮了，毛泽民才回到家中。钱希钧忙问发生了什么事，他兴奋地说："我刚才与菊如同志商量了一下，纸币防伪问题解决了。"

不久，经过"加密"的纸币，在整个苏区流通开来。原来，毛泽民正是从火烧羊毛产生焦臭味得到启发，在生产印钞纸的纸浆中加入细羊毛，印刷出来的纸币烧之便会产生焦臭味。他用这一简单方法，巧妙地解决了纸币防伪问题，为苏区的金融稳定作出了重要贡献。

从不搞特殊化，是廉洁自律的模范。即便临时中央政府主席毛泽东前来视察工作，毛泽民也不用公费招待，有时仅是一杯白开水而已。有一次，中共黎川中心县委书记方志纯招待省委检查工作的领导吃了一碗米粉肉。毛泽民严肃地指出："现在是战争时期，我们不能乱花一个铜板，领导干部更要带头艰苦奋斗，不应该用公款招待。"并说，"志纯同志，这笔钱要从你自己的伙食费中报销！"

毛泽民被称作"贫穷的富翁"，正是在他的率先垂范和严格要求下，苏区国家银行从未发生过贪污盗窃和行贿受贿案件。那就怪不得，苏维埃政府被称为历史上空前廉洁奉公的政府。

"飞将军"大公无私

1931 年，黄公略率部取得白云山战斗胜利，毛泽东写下诗篇："白云山头云欲立，白云山下呼声急，枯木朽株齐努力。枪林逼，飞将军自重霄入。"由此，黄公略赢得"飞将军"美誉。

黄公略 1926 年参加北伐战争，年底入黄埔军校学习，1927 年参加广州起义，同年加入中国共产党。1928 年，他和彭德怀等领导平江起义，创建湘鄂赣苏区。在中央苏区第一至第三次反"围剿"作战中，黄公略屡建战功，声名远播。苏区军民把黄公略的名字，同毛泽东、朱德、彭德怀连在一起，称呼为"朱毛彭黄"。

"赣水那边红一角，偏师借重黄公略。"其实，早在 1930

年 7 月，毛泽东就赋诗赞叹过他。1930 年，黄公略任红六军军长，后任红一军团第三军军长，中国工农革命委员会委员。吴承恩在《西游记》中写道：树大招风风撼树。国民党反动派对黄公略恨之入骨，贴出告示："若有捉拿共军头子黄公略者，赏大洋 5 万元；若有击毙黄公略拿头来见者，赏大洋 2 万元。"不承想，有人在其后加了一句："若有拔到黄公略一根汗毛者，赏黄金万两。"可见，黄公略对国民党反动派具有多么大的威慑力，而苏区群众对他有多么爱戴和钦佩。

面对"围剿"的接连失败，蒋介石对红军将领采取"离间计"，妄想分裂红军。他命令湖南省长何键将黄公略的母亲、妻子押到长沙做人质，并在《湖南国民日报》上捏造"黄公略既然将母亲与妻子送来长沙，足见悔过情殷，投诚心切"的谎言，还委任黄公略的堂叔黄汉湘为宣抚使，妄图用亲情对其进行"招抚"。

一天，苏区来了两位"不速之客"。其时，黄公略正在前线，由彭德怀出面设便宴接待。酒过三巡后，"客人"终于说出来苏区的使命。原来，那个年纪大的叫黄梅庄，是黄公略同父异母的大哥。黄汉湘派他将一封蒋介石的亲笔信送给黄公略，并相机劝降。

如何处置黄梅庄？红三军团负责人立即电告毛泽东、朱德。毛泽东回电：这个问题由公略同志自己处理吧。黄公略得悉消息，旗帜鲜明地表态："这是蒋介石分裂红军的可耻阴谋。我黄公略坚信革命必定成功，对蒋介石不抱任何幻想。我义无反顾，与黄梅庄一刀两断，并请求将黄梅庄处以死刑，将黄梅庄的口供印发各军，借以教育部队提高革命警惕。"随后，黄公略又接到彭德怀来电。他立即回电："大义灭亲，就地正法！"红三军团保卫部将黄梅庄处死，让另一个叫黄春生的来人，提着他的脑袋回南昌，向蒋介石禀报。

事后，红军政治部将黄公略以革命利益为重、大义灭亲的事迹，对全军进行了教育。红军官兵无不动容地说："黄军长了不起，像他这样才叫真正的共产党员。"

正义之师的文明见证

细读《日本小姑娘，你在哪里?》一文，让人忆起抗战中的一段"小插曲"，去思考一个这样的问题：正义之师的制胜法宝何在?

有人说，历史是任人打扮的小姑娘。而这个日本小姑娘，却见证了一段真实的历史。那是 1940 年 8 月，八路军发起抗战史上空前规模的进攻战役——百团大战。在进攻井陉煤矿战斗中，战士们救起两个日本小女孩，大的五六岁，小的还在襁褓中，她们的父母都在炮火中死亡。晋察冀军区司令员兼政治委员聂荣臻得知消息后，立即叫人把孩子送到他那里，两个日本孤女很快被送到指挥部。

聂荣臻先抱起不满周岁的小妹妹，看到她的伤口包扎得很好，便马上让警卫员去老乡家给她找奶吃；又慈爱地拉过那个大一些的女孩，亲切地问她叫什么名字。这个女孩叫美穗子，她不会说中国话，只是不停地说："妈妈死了，妈妈死了……"聂荣臻见美穗子两眼流露出惊恐的神色，就拿起一个洗干净的梨子和蔼地说："这梨洗干净了，吃吧!"美穗子见他和善可亲，便接过梨慢慢地吃起来。开饭时间到了，聂荣臻把美穗子拉到怀里，用小勺一口一口地喂，慢慢地，美穗子与聂荣臻建立了感情，一点也不拘束，经常用小手拽着聂荣臻的马裤，跟着他跑前跑后，非常亲热。考虑到当时残酷的生存环境，和两个孩子以后的成长，聂荣臻决定将她们送交日军，以便她们能顺利地回国，找到幸存的亲人。

杜甫在《可叹》中感怀："天上浮云如白衣，斯须变幻如苍狗。古往今来共一时，人生万事无不有。"古往今来，国内国外，万事多变。40年后的1980年5月29日，《人民日报》刊发署名文章——《日本小姑娘，你在哪里?》

一石激起千层浪。这在中日两国引起极大反响，日本人民知道这件事情后深受感动，纷纷致函聂荣臻，诚挚地感谢他在战争期间的人道主义精神。在这期间，日本媒体经过多方仔细、认真地查找，终于在九州找到美穗子。

这一年，美穗子及其全家来华，受到聂荣臻的接见。美穗子热泪盈眶地说，当年参加过正太路作战的日本军人，再三请她表示，他们对不起中国人民，非常抱歉。聂荣臻微笑地说："让我们化干戈为玉帛吧！日本民族是勤劳智慧的民族，愿中日两国人民世世代代友好下去，永不兵戎相见。"

诚然，历史是现实的呈现，并不是任人打扮的小姑娘，可以让人反思和汲取经验教训。正如美国陆军上将李奇微曾评价中国人民志愿军：更加文明的敌人！当时，志愿军将俘虏的美军伤兵，放在美军必经之路上，这让很多美军士兵大为感动。能够从对手中得出"文明"二字，历史上仅此一支军队，可见志愿军是真正的正义之师。

这或许就是答案：正义之师的制胜法宝，源于5000多年中华文明的精神力量。它不仅是历史的镜鉴，而且是未来的指引。

革命父子两英烈

  1927年"四一二"反革命政变后，毛泽覃、周文楠夫妇由广州秘密转移至武汉。同年6月，毛泽民回湖南组建党的地下组织，身怀六甲的周文楠，随同毛泽民夫妇一起返回长沙。9月8日，周文楠生下儿子毛楚雄。谁曾想，毛泽覃和毛楚雄这对未曾谋面的父子，均为革命英年早逝。

  毛泽覃1923年加入中国共产党，1927年参加南昌起义，参加了中央苏区历次反"围剿"作战。1928年3月，他率特务连前往湘南与朱德、陈毅联络，4月参加毛泽东、朱德领导的井冈山会师。1930年，毛泽覃与黄公略率部在赣水两岸开展游击战，巩固和扩大了赣西南革命根据地；同年10月红军攻下吉安后，毛泽覃以特派员身份协助陈毅率部回师遂川。
1931年，他与萧克指挥部队连续取得富田、老营盘等战斗的
胜利。1933年，在中央苏区错误地开展了一场反对所谓以邓
小平、谢唯俊、古柏等为代表的"江西罗明路线"的斗争，毛
泽覃就是一个重要成员。

"断头今日意如何？创业艰难百战多。此去泉台招旧部，
旌旗十万斩阎罗。南国烽烟正十年，此头须向国门悬。后死诸
君多努力，捷报飞来当纸钱。"1936年，陈毅在《梅岭三章》
中描绘了坚持南方游击战的艰辛，抱定了必死的信念。中央红
军主力长征后，毛泽覃坚持在南方进行游击战争。1935年4月，
他率部辗转到瑞金县内的大山深处。这时，战士们又累又饿，
有的靠在树干上说着悄悄话："这样躲躲藏藏，不如与敌人拼
了。"毛泽覃听到以后，深情而坚定地说："同志们，战友们，
青山不倒绿水长流，只要我们坚持住，保存革命力量，终会迎
来胜利的曙光。"

面对敌人"梳辫子"一样疯狂搜山，毛泽覃带领战士们只
好一次次频繁转移。4月25日深夜，他发现敌情并立即叫醒
同志们："我们被包围了，大家快从纸槽侧门突围出去吧，我
掩护你们……"26日，毛泽覃英勇牺牲。

汉高祖刘邦过沛县，邀故人饮酒，作《大风歌》："大风起兮云飞扬。威加海内兮归故乡。安得猛士兮守四方。"1959年，毛泽东回到阔别32年的韶山冲，写下名篇佳句："为有牺牲多壮志，敢教日月换新天。喜看稻菽千重浪，遍地英雄下夕烟。"他为英勇的烈士而诗，为英雄的人民而歌，这里面就有毛泽覃等六位亲人。1984年8月，邓小平为瑞金毛泽覃烈士纪念塑像题词：毛泽覃同志纪念碑。

毛楚雄从小勤奋好学，决心继父之志，报父之仇，立志做一个改革社会的人物。1945年9月，他在湖南参军，1946年6月参加中原突围。1947年，毛楚雄参与护送张文津、吴祖贻等人赴西安参加和平谈判，前往路途中被国民党部队截留，惨遭杀害。

由于国民党反动派的欺骗，对于毛楚雄等人被害的经过和地点众说纷纭，莫衷一是，直到1984年12月才弄清事实真相。1985年7至9月间，李先念在《湖北日报》和《红旗》上，撰写《纪念张文津、吴祖贻、毛楚雄三烈士》等文章，高度赞扬他们大无畏的英雄气概。

华侨上将尽显家国情怀

1955年9月27日，57位将军在北京接受上将军衔的授衔仪式。这中间有一位十分特殊：唯一华侨出身的开国上将——叶飞。

叶飞出生于菲律宾奎松省，1918年回国，1932年加入中国共产党。他善打大仗、恶仗，仅1943年7月至1944年6月，就指挥所部作战138次。其中最著名的要数夜袭浒墅关和车桥之战。浒墅关车站是日军在沪宁铁路的重要据点，1939年6月，叶飞指挥夜袭浒墅关，迫使沪宁线停车3天；7月，率部突入上海虹桥飞机场，成功炸毁4架日军飞机，大大震慑了敌军。

战争年代，叶飞几经死里逃生，最惊险的一次发生在

1933 年。当时，他在一家客店与地下党接头，被特务袭击，身中 4 枪、头部中两枪。"如果这颗子弹往上偏去，就穿入我的脑部，那就要脑浆迸裂，我就活不了了。"所幸被村民救下，并送去就医。

新中国成立后，这位战功卓著的骁将并没有躺在功劳簿里享受，叶飞先后担任福建省党政军主要领导。当时民间流行一句话："福建手无寸铁，路无寸轨。"1956 年建成的鹰厦铁路，是全国第一条跨海铁路，结束了"路无寸轨"的历史。20 世纪 60 年代，全省通车里程达 1.4 万多公里，基本形成铁路、公路、水路的营运网络，一跃成为全国公路最发达省份之一。

改革开放后，叶飞再次变身改革闯将。1979 年初，叶飞"相中"一片荒山野岭的蛇口。由他提议，经中共中央、国务院批准，创建起我国第一个新型对外开放港口工业区——蛇口工业区，开了改革开放的先河。

钢铁炮弹没有打垮的叶飞，登高位、掌重权，同样抵挡住了糖衣炮弹的攻击。20 世纪八九十年代，社会上流行"首长金剪刀剪彩"。1994 年，有人请叶飞为某公司剪彩，暗示剪彩的金剪刀价值 5 万元。叶飞闻言气愤地说："别说 5 万元，就是 50 万元我也不去。"

　　叶飞妻子王于耕曾笑着说："老叶这人，无论是对己还是对别人，严得过分，一点人情味都不讲。"据叶飞的儿子叶小宇回忆：他上初中那会儿，国家经济条件不好，大部分学生是赤脚上学，只有个别干部或知识分子家庭的孩子有鞋子穿，父亲便要求自己的几个孩子赤脚上学。

　　常言道：自古忠孝两难全。其实，对父母的孝和对国家的忠并不矛盾，忠是更大程度的孝，孝也有各种表达方式。参加革命后，叶飞便与母亲失去联系，直至1949年才将老人接到福州同住。叶小宇说："父亲对我奶奶非常孝顺，无论多忙，下班或外地出差回来，第一件事就是先进奶奶房间问候。"

　　对家乡的老一辈革命工作者，叶飞同样恭敬。1959年，他将村里的老一辈革命工作者请到自己的祖屋，让他们坐在厅堂上，自己则站在天井下，鞠了几个躬，还自掏腰包，请他们吃了顿饭。

中国式"保尔·柯察金"

《把一切献给党》一书自 20 世纪 50 年代问世以来,不仅在国内多次再版,影响几代人;而且被译成 7 种文字,在国外广为流传。这本书的主人公和作者,就是被誉为"中国的保尔·柯察金"的吴运铎。

古人云:"天下至德,莫大乎忠。"忠诚是内心的信仰,是一种责任。抗日战争全面爆发后,吴运铎不远千里,奔向皖南参加新四军,并被派到司令部修械所工作。面对一个完全陌生的领域,他坚信:投身革命队伍,就要跟党走、听党的话。1939 年 5 月,吴运铎加入中国共产党。

心系兵工,为党和人民的兵工事业无私奉献。在生产与研制武器弹药中，吴运铎失去左眼、左手和右腿致残，经过 20 余次手术后，身上仍留有几十块弹片。"只要我活着一天，我一定为党为人民工作一天。"他以顽强毅力战胜伤残，坚持战斗在生产和科研第一线。1951 年 9 月，吴运铎来京参加国庆观礼，30 日晚上，周恩来紧握着他的手说：你就是中国的保尔·柯察金。

从一名普通工人到一位兵工事业开拓者的成长路上，吴运铎始终秉持求实态度，努力锤炼过硬本领。1939 年，他和战友们建起我军第一个军械修造车间，成功制造出第一批新步枪；1943 年，研制出新武器——枪榴弹；1944 年，研发出 36 门平射炮和大批炮弹。1952 年至 1953 年，吴运铎在北京俄专二部专攻俄文。1955 年，他率北重集团和其他单位的 107 名技术人员，赴苏联高炮厂实习学习。

美国记者艾格妮丝·史沫特莱曾拿起吴运铎等人制造的步枪亲自试射，并参观了长凳子、矮凳子、木桩、木板、石磨等制造设备。她感慨地说："我从美洲到欧洲，到过很多国家，也看见过很多工厂，可是还没有见过像你们这样的兵工厂。真是世上少有！"

"虽九死其犹未悔"，可视作对吴运铎的最好注解。吴运铎先后三次身负重伤,行走在死亡边缘,可死亡的威胁,从未阻挡他前进的步伐。1941 年,吴运铎率领小分队生产一批急用的子弹。一次,正拆卸旧炮弹引信上的雷管,突然,一只雷管在他的左手上爆炸……数十年后,吴运铎回忆说:"我知道这是一项很危险的工作,我要亲自做这工作,因为我是一个共产党员,在危险的时候,应该站在大家的前面,不能把危险的工作推给别人。"

吴运铎在给张海迪的信中提到,"只有具有远大理想的人,他的精神才永远是充实的。这理想,就是为人民的幸福、为国家的富强而奋斗、而献身。"吴运铎的一生,都是在坚守这份远大而崇高的理想。任时间流逝、时代变迁,而"把一切献给党"的精神,永远不会暗淡,必将在历史的长河中光芒闪耀,激励着一代又一代共产党人,大公无私,艰苦奋斗,开拓创新。

一个身影未曾远去

2019 年火热上映的《我和我的祖国》电影中，人们可以看到一个似曾相识的身影：指挥演奏中华人民共和国国歌的第一人——罗浪。

这不禁让人想起北宋晏殊的《浣溪沙》："一曲新词酒一杯，去年天气旧亭台。夕阳西下几时回？无可奈何花落去，似曾相识燕归来。小园香径独徘徊。"这首词虽含伤春惜时之意，但对宇宙人生的深思，给人以哲理的启迪和美的艺术享受。昨天是今天的历史，今天又将是明天的历史，不妨回望一段历史上的昨天、今天、明天。

"人也被打散了，枪也被缴获了，就剩下一个军乐队了，算是送给老师的见面礼吧。"1947年，国民党第三军军长罗历戎被俘虏后，见到曾任黄埔军校教官的聂荣臻，说了这段"开场白"。

剩下一个军乐队？时任晋察冀军区抗敌剧社乐队队长的罗浪，闻讯后非常惊喜，赶紧缠着上级说，请把军乐队留下来，千万不要遣散，以备将来之需。几天后，聂荣臻叮嘱时任华北军区宣传部副部长的张致祥："尽快将国民党第三军的军乐队收容过来。"受领任务后，张致祥对罗浪说："赶紧带人把国民党第三军军乐队收容过来，以此为基础，成立我们自己的军乐队。"

罗浪何许人？1937年，从马来西亚回国。后赴延安，入鲁迅艺术学院学习，受业于冼星海、吕骥等恩师。1941年，他与魏巍合作谱写的组歌《狼牙山五壮士之歌》，开启了《哀乐》在国家典礼仪式上的先河。

当时，参加开国大典阅兵的队伍，使用的全是缴获来的战利品。军乐团的乐器、战士手中的枪支，从天安门前经过的每一辆战车、每一件战利品上，都留有共产党人28年艰苦奋斗的痕迹。罗浪回忆说，只有一样例外，那就是演奏的乐曲：《义勇军进行曲》。1949年9月27日，在全国政协第一次全体会议上，《义勇军进行曲》被确定为代国歌。

阅兵式上采用什么乐曲？当时有人提议按老规矩办，采用旧军队的阅兵曲，即德国的乐曲；也有人主张"一边倒"，全部采用苏联"老大哥"的乐曲；罗浪则提出第三种方案，用经过改编的我军某些革命歌曲。

新中国的庆典，为什么不用自己的乐曲呢！阅兵指挥部主任杨成武让罗浪连夜起草一份文字方案，聂荣臻批示："同意用我们军队自己的曲子，请五大书记审阅"。毛泽东挥笔写下"以我为主，以我国为主"9个大字。

秋天的北京，天高云淡，灿烂的阳光下，乐管泛金，乐鼓流银。1949年10月1日14时50分，军乐队奏响《东方红》欢迎曲。15时，大典司仪林伯渠宣布庆典开始。毛泽东宣告"中华人民共和国中央人民政府今天成立了"的话音刚落，罗浪就按预定程序指挥军乐队奏起国歌，天安门广场上，顿时欢声雷动，200人的演奏，没有错一个音符。

我的根在农村

"不是西沟离不开我，是我离不开西沟，离不开劳动。我的根在农村，我只是一名农民，我获得的荣誉也属于劳动人民。"申纪兰一生可谓"荣誉等身"，可她信守"劳动就是解放"，用倔强的人生为中国妇女拼出了"半边天"。

嫁到山西平顺县西沟村时，申纪兰才 18 岁。婚后第六天，她就下地干活。申纪兰回忆说：当时当地有一句流传很广的话——好男走到县，好女走到院。20 世纪 50 年代，她带着十几个姐妹加入互助组，走出碾台、锅台、炕台"三台"，和男人一样种树开荒，把男女"同工同酬"变成现实，写入宪法。至今，村里仍流传着一个这样的"斗争故事"。

春播快开始了，成堆的粪要往地上匀。妇女装一天粪 7 分工，男人挑、匀一天 10 分工。干了一天，妇女们都想挑粪匀粪。男人不愿意，就比赛。一样多的人和地，男人休息了，妇女不休息，不到晌午，妇女们都匀完了，有的男人还没匀完，连最反对同工同酬的男社员也说："该提高妇女的底分了。"

"什么时候也不能忘记党的教导，不能脱离群众，要给群众干工作。"申纪兰当省妇联主任 10 年，按照常规逻辑，走上了一条农民进城当干部之路。她却向组织提出"六不约定"：不转户口，不定级别，不领工资，不要住房，不调动工作关系，不脱离农村。这"六不约定"，也让心系农村、无私奉献、勿忘劳动，成为申纪兰的鲜明底色。

1984 年，卸任省妇联主任的申纪兰，带着几名村干部一路南下"找项目"。1985 年，办起全县第一个村办企业，西沟村逐渐走上发展"快车道"。

当年的西沟村，是石头山、石头沟，谁干谁发愁，可西沟人不服输，申纪兰带领大伙在石头山上种树、逢土必种，几十年来，坚持不懈地发展生产、植树造林；如今的西沟，两万亩荒山披上绿装，干石山变成"花果山"，乱石滩变为"米粮川"。

申纪兰还与时俱进、创新发展，关停村办污染企业，建起香菇大棚，引进光伏发电和服饰床品，发展红色乡村休闲旅游。

全国人大代表责任重大，申纪兰是唯一连任十三届全国人大代表的人。群众的痛点难点堵点在哪儿，工作的着力点就在哪儿。65年的代表生涯，她提出的建议和议案涵盖"三农"、教育、交通、水利建设等各领域，既有关系国计民生的大事，又有涉及群众利益的小事。山区交通建设、耕地保护、新型农村合作医疗、农村干部选举、贫困地区旅游开发等，不断得到采纳，得以实现。

"勿忘人民、勿忘劳动"，在申纪兰身上已化为血液。90岁的申纪兰仍在为村里忙活着：到施工现场询问进展，入村民家中了解需求……

2020年6月28日，申纪兰因病逝世。临终时，她还牵挂着一件事：去年获得共和国勋章后，每个月都会收到一笔经费，她嘱咐孙子张璞把这笔钱交作党费。

第四章　思想魅力

　　哲学是世界观，也是方法论。马克思主义哲学深刻揭示了自然界、人类社会和思维发展的最一般规律，是科学的世界观和方法论。把读马克思主义经典、悟马克思主义原理，当作一种生活习惯、当作一种精神追求，方可用经典涵养正气、淬炼思想、升华境界、指导实践。

指点江山　激扬文字

　　从《诗经》《楚辞》，到《实践论》《矛盾论》；从立德、立功、立言"三不朽"，到"惜秦皇汉武，略输文采；唐宗宋祖，稍逊风骚"，呈现出诗歌与哲学美之韵，历史与哲学纯而真。恩格斯说过：一个民族要想站在科学的最高峰，就一刻也不能没有理论思维。中华民族实现伟大复兴，也一刻不能没有理论思维。马克思主义始终是我们党和国家的指导思想，就是中国共产党人的"真经"，如果"真经"没念好，总想着"西天取经"，就要贻误大事！马克思主义哲学是马克思主义理论大厦的基石，必须作为必修课，常学常新，练就过硬的"看家本领"。

胸藏万汇凭吞吐

作为运用唯物史观研究史学的先锋，郭沫若在历史、考古等领域均做出大量学术成果。"胸藏万汇凭吞吐，笔有千钧任翕张"，出自郭沫若的七律诗《赠北京中国画院》。这是他一生与书结缘、博览群书的学习心得，也是科学的治学方法论。

研究深邃之书，郭沫若认为，"不精读便不能得其要领，不能体味'雅言'的力量"。读书先得理解书，只有通过不断熟读深思才能完成；后是不受前人约束，用自己的能力去批评。"人是活的，书是死的，活人读死书，可以把书读活。死人读活书，可以把人读死。"少年郭沫若读《庄子》，欣赏其"汪洋恣肆"的文风与"安贫乐道"的人格。"五四运动"时期，再读《庄子》，他发现其中蕴含的"泛神论"思想和真人哲学，采用唯物辩证法，对庄子思想既有所肯定，又有所否定，并写成《庄子的批判》一文。

"搞历史研究，除了懂得一些正确的方法之外，还要占有大量的资料。资料的搜集、整理、分析是必须尽力进行的艰苦工作，丝毫不能偷巧。尽可能占有第一手资料，迫不得已时，批判地接受第二手资料。"为寻找一手资料，郭沫若去各大图书馆借阅相关书籍，去书店立读暗记，辗转托人寻书。他说："我要寻找第一手的资料，寻找考古发掘所得的，没有经过后世的影响，而确确实实足以代表古代的那种东西。"现存的郭沫若致古文字学家容庚的42封书信中，有28封明确指出借阅书籍，或恳请代为录示、复制、购买拓片和书籍等要求。

在古代史分期问题上，郭沫若以马克思主义生产资料占有理论，区分奴隶社会与封建社会，并加以翔实史料周密论证，确立"战国封建说"。对甲骨文字和青铜铭文的研究，曾被时人视为落后之物，郭沫若也被斥责为"玩物丧志，成了隐士"；但他不气馁、不放弃，锲而不舍、一如既往地坚持，这才有了后来的"郭鼎堂"。

就创作而言，读书只需泛读以启发暗示。郭沫若指出，

"书读太多是写不出自己的东西的。我读歌德诗的时候，也就是大致浏览开头几行，马上捕捉那一闪而过的灵感迅速写下来。"他创作的《屈原》《棠棣之花》等历史剧，发挥了宣传抗战、鼓舞民心的积极作用。

读书是为了更好地指导实践。"五四运动"爆发后，郭沫若弃医从文，"想通过文学使中国起变化，想用诗歌唤醒雄狮，唤醒沉睡的中国民众"。流亡日本期间，他写成开创中国唯物史观派的《中国古代社会研究》一书。新中国成立后，他以一个诗人的热情，呼唤"科学的春天"。

遗留于世的文化遗产，足以夸耀当世。而郭沫若借以创造这份遗产的治学方法论，则指明了一位著名学者和作家走向成就高峰所遵循的途径。

理论界的鲁迅

"五四运动"后，李达致力于马克思主义理论的研究、宣传和教育，并坚持撰写文章，同各种非马克思主义思潮进行斗争。毛泽东曾当面称赞李达是理论界的鲁迅。

1920年，怀着"回国寻找同志干社会革命"的理想，李达从东京回国。在上海，他与陈独秀、李汉俊等人建立共产主义小组，发起组建中国共产党。李达主编《共产党》月刊，参加《新青年》编辑工作。不仅翻译出版了《唯物史观解说》《马克思经济学说》等介绍马克思主义的著作，而且撰写发表了《张东荪现原形》《讨论社会主义并质梁任公》等批判各种非马克思主义思潮的文章。

马克思说过：批判的武器当然不能代替武器的批判，物质力量只能用物质力量来摧毁；但是理论一经掌握群众，也会变成物质力量。任何先进的思想，只有被群众所掌握、所实行，才能变成改造社会、改造世界的物质力量，才能在革命斗争中充分发挥作用。作为中国共产党的第一份党刊——《共产党》月刊，虽只出版6期，但它宣传先进理论、思想影响力大，为广大先进分子所喜爱。1921年1月21日，毛泽东在写给蔡和森的信中称赞《共产党》月刊：颇不愧"旗帜鲜明"。

山沟里出马克思主义，零陵出马克思主义。前一句可谓毛泽东的"夫子自道"，后一句则指李达，而将两人紧密联系在一起的，正是马克思主义的理想信念。1921年7月，他们作为"13个代表"的成员，出席了中国共产党第一次全国代表大会。会上，李达当选为中央局宣传主任，成为中国共产党的主要创始人和早期领导人之一。

毛泽东、李达同是马克思主义哲学中国化的重要代表人物，可二人扮演着不同的角色。1921年9月，李达创办中国共产党第一个出版机构——人民出版社，出版了大量马克思列宁主义的著作和革命丛书。1922年7月，他出席中国共产党第二次全国代表大会；同年11月，应毛泽东邀请到长沙出任湖南自修大学校长，并主编《新时代》。

1927年大革命失败后，李达坚守马克思列宁主义的理论阵地，成为卓有建树的马克思主义理论家。他先后在武昌中山大学、上海法政学院、上海暨南大学、北平大学、中国大学、朝阳大学、广西大学、广东中山大学等地任教，1937年出版的《社会学大纲》，被毛泽东誉为"中国人自己写的第一本马克思主义哲学教科书"，并号召党的高级干部学习。1946年，李达在家乡创办辅仁小学，并亲任校长；1947年至1949年，在湖南大学任教。

西汉刘向《说苑·谈丛》载："万物得其本者生，百事得其道者成。"世间万物保住根本就能生长，而一切事情合乎道义就能成功。这揭示出万事万物成长与发展的规律，也让人去思考：李达何以成为中国马克思主义史学上一位百科全书式的名家大师？他在哲学、经济学、政治学、史学、法学、社会学、教育学等领域，均取得开创性的成就，实现了对马克思主义理论的整体探索和综合创新。他的《现代社会学》《社会学大纲》《经济学大纲》《社会进化史》《货币学概论》《法理学大纲》《〈实践论〉解说》《〈矛盾论〉解说》等著作，都是中国马克思主义史学上的名典。

　　李达长期担任武汉大学校长和中国哲学学会会长，为马克思主义在中国的传播、应用和发展，作出了多方面的贡献。20卷900万字的巨著《李达全集》，2016年在人民出版社出版，这是他留给人们的丰富精神遗产。

人民的哲学家

被称作"人民的哲学家"的艾思奇，注重思想与时代相结合、理论与实际相结合、哲学与人民相结合，带头讲人民群众听得懂、听得进的话语，努力让党的创新理论"飞入寻常百姓家"，并培养出一大批把马克思主义中国化讲好的人才。毛泽东称赞他：党在理论战线上的忠诚战士。

云南和顺是著名的侨乡，几百年前，和顺人便出国闯荡"走夷方"。艾思奇两次留学日本，喝过"洋墨水"，吃过"洋面包"。1931年"九一八"事变后，他弃学回国。1932年到上海参加革命工作，从事理性主义哲学的宣传活动。

让理性主义哲学"本土化"、大众化，成为群众手中的锐利武器。24 岁那年，艾思奇出版《哲学讲话》，后改名《大众哲学》，影响大批青年投身革命、奔向延安。正如我国社会教育家李公朴所说："这一本通俗的哲学著作，我敢说可以普遍地做我们全国大众读者的南针，拿它去认识世界和改造世界。"新中国成立前，《大众哲学》出了 32 版之多，为哲学大众化树立起一个典范。

1937 年，艾思奇从上海来到延安，毛泽东在欢迎会上说，革命要靠枪杆子，也要靠笔杆子。把枪杆子和笔杆子结合起来，有文有武，文武结合，革命的事业就能胜利。同年初，毛泽东组织哲学研究会，由艾思奇负责辅导，主要是学习辩证唯物主义。艾思奇起草学习提纲，并由他和另外几位同志分头讲解，然后讨论。毛泽东根据哲学研究会的学习心得，起草了《辩证唯物主义大纲》，供广大干部学习。1938 年成立新哲学会，由艾思奇、何思敬负责。艾思奇编写《哲学选辑》，其中包括自己撰写的《研究提纲》。毛泽东对《哲学选辑》批读三遍，认真阅读《研究提纲》，并作了不少批注。1939 年，毛泽东组织一个哲学小组，艾思奇等人参加。每周开展一次活动，讨论的主要内容是《实践论》《矛盾论》中的哲学问题，艾思奇是发言最多的一个。

马克思主义哲学中国化、时代化、大众化"三化"的积极倡导者和忠实践行者。新中国成立后，艾思奇讲历史哲学、社会发展史，作报告，写文章，都高度重视通俗生动和大众化。1958年，他在《人民日报》上发表《哲学要为实际工作服务》一文，强调在实际工作中运用辩证唯物论。同年7月，到天津参观一些工厂时，他坚持给工人和干部讲哲学课。后来，他撰写的《工人和哲学》一文，出版的《破除迷信，大家学哲学》一书，就是根据讲课记录稿整理的。1958年至1959年下放登封县工作期间，他给基层干部学习班讲哲学，并总结工农学哲学的经验，撰写了《学习哲学的群众运动》一文。

几十年如一日，艾思奇为马克思主义哲学在中国的普及和发展不懈奋斗。他为共产党人的精神家园建设，作出了不可磨灭的贡献。

开拓马克思主义史学园地

据《翦氏族谱》介绍，翦氏本姓哈。元太祖西征时，回部跟随，屡建奇功。后来，哈氏开始东迁，来到离湖南桃花源不远的剪刀溪。明太祖以"翦除盗寇"有功，赐之以"翦"姓。时间来到 20 世纪，翦伯赞称得上是翦氏中的佼佼者。

马克思说过：万事开头难，每门科学都是如此。这同宋代苏轼在《思治论》中所说的"犯其难而图其致远"，具有异曲同工之妙：向最难之处攻坚，追求最远大的目标。1924 年，翦伯赞赴美国加利福尼亚大学研究经济；30 年代初，开始从事中国古代史的研究，努力改造旧史学，建立并发展了马克思主义新史学。他发表的《论中国古代封建社会》《论中国古代的农民战争》，以及有关《红楼梦》研究、历史人物评价等论文，都具有重要的学术价值。尤其是《中国史纲》《中国史论集》等，堪称名著。怪不得毛泽东要说：翦伯赞是讲帝王将相的，我们要想知道一点帝王将相的事，也得去找他。

坚持理论联系实际的学风，为开拓我国马克思主义史学园地献出毕生精力。翦伯赞撰写的《对处理若干历史问题的初步意见》《目前史学研究中存在的几个问题》等文章，宣传了历史唯物主义的基本观点，批判了唯心史观和虚夸学风。他的《历史哲学教程》一书，被学术界称赞为培养教育了一代爱国知识青年的好书。

1945 年，毛泽东赴重庆谈判期间，翦伯赞应约到其居处聚谈，并协助毛泽东和周恩来对冯玉祥等做了大量统战工作。后来追忆往事，他写下诗篇："钧党风声夜半传，山村寂静正新年。难忘小市疏灯夜，急雪寒江独觅船。"原任第六战区司令长官的冯玉祥被撤职后，觅求一位史学名家讲授中国史。征得周恩来同意，翦伯赞成了冯玉祥的历史教师。1940 年 10 月 3 日，同冯玉祥的第一次见面是在巴县中学。冯玉祥在门口恭候，二人见面便说："我读了你不少的著作，今天能见到你真是高兴。"事后，翦伯赞每月为冯玉祥讲课半月。冯玉祥作息时间有规律，早上 4 点起床，6 时早餐，晚 9 点熄灯。但对翦伯赞倒是例外，可晚起床，开"夜车"。

1957 年 3 月 13 日，毛泽东约见翦伯赞。当时，毛泽东正与党内其他领导人商议，决定开展一次整风运动，所以他特意问道：你在高等学校担任系主任有些什么问题和意见？翦伯赞答道："现在是重理轻文。"毛泽东接着说：从我们的历史和现状来看，重理有道理，但轻文就不对了。翦伯赞回到北京大学后，立即提出并采取了加强文科教学和科学研究的建议与措施。

"重到边城访旧踪，云岗石佛华严钟。难忘三十年前事，风雪漫天过大同。"1961 年应乌兰夫之邀去内蒙古访学，途经山西时，翦伯赞不禁写下《大同感怀》。往事宛如昨天，历历在目。1927 年翦伯赞经大同到太原，动员阎锡山和商震起义，以响应北伐。阎锡山却电令商震逮捕他，幸亏商震是一位有正义感的晋军名将，随即通知翦伯赞迅速离开绥远。这改写了不一样的命运，书写了不一样的人生。

窑洞挑灯著巨作

　　20 世纪 40 年代初，毛泽东对范文澜说，我们党在延安又做了一件大事。所谓"大事"，就是第一部运用马克思主义观点系统叙述中国通史的著作——《中国通史简编》终于问世。可谁曾想到，这部巨作竟是在一孔窑洞里、一盏油灯下诞生的。

　　我们共产党人对于自己国家几千年的历史，不仅有我们的看法，而且写出了一部系统的完整的中国通史。这表明我们中国共产党对于自己国家几千年的历史有了发言权，也拿出了科学的著作了。对于《中国通史简编》的出版，毛泽东曾这样称赞。这部巨作的撰写工作，从 1940 年 8 月开始，到 1941 年上册（上古到五代）出版，1942 年出版中册（北宋至鸦片战争以前）。对于历史研究，范文澜提出学习理论、掌握资料、文字表达、言行一致"四个问题"。他说："理论和我们自己的整个思想意识、思想方法、生活行动全面地联系起来，才叫做马克思主义者在做史学工作。"从观点、体裁到语言文字，《中国通史简编》均以全新面貌呈现在读者眼前。

当时的延安，物质条件极其艰苦，图书资料极其匮乏，是一种什么样的力量，驱动范文澜写出这部旷世巨作呢？

苦读于北京大学的范文澜，曾被名儒耆宿视为衣钵传人。"五卅运动"驱使他走出书斋，找到新的追求——为民族的独立、解放事业而奋斗。1927 年至 1936 年，范文澜一边相继完成《诸子略义》《文心雕龙注》等著作，一边积极参加革命活动。他先后两次被捕，却从未改变对共产主义的追求。范文澜还撰写《大丈夫》来唤醒民众，激起抗日爱国热情。1940 年，他来到延安，在《从烦恼到快乐》中感慨："快乐得把铺盖丢在汽车上。多光明的边区啊！"正是对革命事业和延安的热爱，让范文澜奋笔疾书，铸就辉煌。

"学习马克思主义要求神似，最要不得的是貌似。"扎实的学术功底，对马克思列宁主义理论的娴熟运用，让范文澜下笔如有神助。《中国通史简编》原计划写 15 万字，他几次托人带话给毛泽东，说 15 万字不够、25 万字可不可以？25 万字不够、45 万字行不行？毛泽东让他放手写，不用管多少字。这部巨作曾引起轰动，可范文澜 1954 年在《关于中国历史上的一些问题》中指出："旧本《中国通史简编》有很多缺点和错误，我在 1951 年写了一篇自我检讨，希望引起大家的批评，帮助我改正。"高度的自我批评精神，让他为此进行了 20 多年的修订工作。

恩格斯指出：即使只是在一个单独的历史实例上发展唯物主义的观点，也是一项要求多年冷静钻研的科学工作。"板凳要坐十年冷，文章不写半句空。"这是成事的宁静，也是对范文澜治学态度恰如其分的概括。古往今来，"成大事者，不惟有超世之才，亦必有坚韧不拔之志。"勾践因有卧薪尝胆的默默坚守，才有重整山河的辉煌；司马迁因有忍辱负重的默默砥砺，才有厚重汪洋的华章；曹雪芹因有十年呕心的默默耕耘，才为后人留下不朽名著。在这个意义上，守静以韧，谓之定；多养静气，能增定力。继《中国通史简编》后，范文澜还著有《中国近代史（上册）》。他既懂得马克思主义，又熟谙中华文化，形成了自己的独特风格。

熔革命与学术于一炉

为挽救中华民族，他戎马倥偬，转战疆场；为开拓和发展马克思主义新史学，他荷笔学林，耕耘不辍。他就是熔革命与学术于一炉，集革命家和学者于一身的吕振羽。《中国政治思想史》《中国民族简史》等著作，反映了这位开拓者对我国早期马克思主义历史科学的睿智思想和探索精神。

开创中国马克思主义史学的进程中，吕振羽有着一系列首创性贡献。他的《史前期中国社会研究》《殷周时代的中国社会》，对中国古代社会的内部结构及发展规律进行创造性的探索，提出了一些独到的学术见解。1937 年撰写的《中国政治思想史》，第一次对我国古代哲学思想和政治思想作出系统的阐述。他的《简明中国通史》《中国民族简史》，也是较早系统研究我国通史和民族史的重要著作。

创办素有"南方抗大"之称的塘田战时讲习学院，是吕振羽革命生涯的光辉一笔。1937 年，他发现湖南抗日救亡宣传活动虽声势浩大，但共产党的全面抗战主张，并未得到很好的宣传和贯彻，就向中共湖南省工委和徐特立建议，由我们党办一所像延安"抗大"一样的学校，以培养抗战干部。徐特立和省工委非常赞成，并及时向毛泽东和张闻天汇报。不久，便得到党中央同意。

延安"抗大"就是中国人民抗日军政大学。1935 年 10 月红军长征到达陕北后，面对大批日军步步逼近华北的危急形势，毛泽东组织召开瓦窑堡会议，决定建立抗日民族统一战线，创建一所培养抗日力量的红军大学。1936 年 6 月 1 日，"中国人民抗日红军大学"在瓦窑堡成立。1937 年 1 月迁至延安并正式更名为"中国人民抗日军政大学"。延安"抗大"团结、紧张、严肃、活泼的校风，"坚定正确的政治方向，艰苦朴素的工作作风，灵活机动的战略战术"的教育方针，独特的、启发式的教学方法，至今值得学习和借鉴。

为使塘田战时讲习学院顺利办起来，吕振羽建议聘请国民党湖南省参议会议长赵恒惕出任董事长，并请时任国民党湖南省政府主席张治中担任名誉董事，以使学院合法化。1938年9月，到校学员120多人，有共产党员，也有国民党员，还有印刷工人、小学教师等，但以青年学生居多。这所学院大力宣传共产党的全面抗战路线，遭到消极抗日、积极反共的国民党顽固派的敌视。1939年4月，国民党军分三路包围该学院，并贴出布告："如有抗拒事情，准予格杀勿论"。学院虽仅存8个月，但为党培养出一批抗日和地方工作骨干，壮大了革命队伍，播下了革命火种，推动了全省抗日救亡运动，在湖南省抗战史上写下了光辉的一页。难能可贵的是，它是中国共产党在国统区创办的唯一抗战军政大学。

新中国成立后，吕振羽相继担任大连大学、东北人民大学（吉林大学前身）领导工作，为新中国教育事业作出了重要贡献。他强调"理论与实际一致"是"教育的基本方针"，人才培养必须适应大规模开展的国家经济建设需要。他带领全校师生员工坚持正确的教育方针和办学思想，主持制定《东北人民大学校章》，对学校的性质、任务、培养目标、机构设置、职责分工等作出明确规定。正是在吕振羽正确领导下，吉林大学成为东北地区最有影响的文理学科兼备的新型综合大学。

注意克服"两个不良"

　　学习和钻研，需要注意"两个不良"：一个是"营养不良"，没有一定的文史基础，没有科学理论上的准备，没有一手资料的搜集，搞出来的东西，不是面黄肌瘦，就是畸形发展；另一个是"消化不良"，对于书本知识，无论古人今人或某个权威的学说，要深入钻研、过细咀嚼、独立思考，切忌囫囵吞枣、人云亦云、随波逐流、粗枝大叶、浅尝辄止。有当代"中国人口学第一人"之誉的马寅初，不仅是这样说的，而且为后学作出了榜样。

　　马寅初自幼刻苦攻读，注意克服"营养不良"，是中国共产党的真挚朋友，我国著名的经济学家、教育家和人口学家。

1906 年毕业于天津北洋大学，后赴美国耶鲁大学、哥伦比亚大学攻读。1914 年回国后，他秉持"一不做官，二不发财"的信念，走上治学救国的道路，较为系统地介绍西方经济学。1949 年后，他将研究重心转到社会主义国家经济建设理论上，为新中国经济理论建设作出了重要贡献。

人生最有营养的东西，往往在艰难困苦中获取。马寅初一生坎坷却初心不改，始终坚持真理、追求进步。著名的"新人口论"，可以说是他克服"消化不良"，坚持理论联系实际、解决重大现实问题的典范之作。

1954 年，任北京大学校长的马寅初，被选为第一届全国人民代表大会常务委员会委员。随后进行的第一次全国人口普查，引起他的忧虑。马寅初认为，当时的人口增长率似乎太高，50 年后中国将难以供养庞大的人口。他将自己的研究成果，写成《控制人口与科学研究》一文，并于 1955 年提交至一届全国人大二次会议浙江小组讨论。1957 年，马寅初又向一届全国人大四次会议提交关于"控制人口数量"的提案，并在《人民日报》发表《新人口论》文章。然而，耿直之士的谔谔之言，遭到了批判。

"我虽年近八十，明知寡不敌众，自当单身匹马，出来应战,直至战死为止,决不向专以力压服不以理说服的那种批判者们投降"。面对 200 多篇反对文章,马寅初边逐篇细读,虚心采纳合理因素,用以完善自身观点;边发表 10 余篇理论性文章,对其中的谬误进行学术性论战。时代在发展、社会在进步,最终事实证明了"新人口论"的预言。民族瑰宝垂青史,求是之魂永相传。1993 年,马寅初被追授"首届中华人口奖特别荣誉奖"。

"我总希望北大的 10400 名学生在他们求学的时候和将来在实际工作中要知难而进,不要一遇困难便低头。"马寅初认为,"学校里最重要的事就是读书上课,凡是有条件的人都应当到第一线上去给学生讲课,并力求把课讲好"。他还说:"误人子弟是最大的罪过",办教育要"学习新思想,确立为人民服务的立场"。马寅初身体力行、率先垂范,为学生树立起一个知难而进的师者榜样。

治学之路志在富民

在 80 岁生日宴会上，有人问费孝通一生中干得最有意义的事情是什么？他以诗明志："志在富民，皓首不移。"费孝通的治学之路，可用他的一句话来表达："凡是我双脚踏过的地方盛开着芬芳的玫瑰。"

理论源于实践，用以指导实践。1982 年，费孝通在《脚勤》一文中写道："无论搞自然科学的，还是搞社会科学的，都要深入实际，这样，才能使理论真正对社会有用！"他 1930 年就投身社会学研究，1935 年与新婚妻子赴广西大瑶山进行社会调查，误踏虎阱，腰腿受伤，妻子在寻人救援途中，不幸溺水身亡。疗伤期间，他整理出版了《花蓝瑶社会组织》。

在追求救国救民的真理中，费孝通认识到，只有共产党才能救中国，只有坚持走社会主义道路才能富民强国。1949 年初，他积极响应中国共产党提出的"五一"口号，应邀赴西柏坡共商建国大计，受到毛泽东、周恩来等亲切接见。从此，他在党的领导下，开始与党亲密合作的光辉一生。

"行为因，论为果。"费孝通的脚勤所得回报极为丰厚，脚上功夫均集中在脑中得以汇集与升华。他一生走过的路，可表达为：江村经济——小城镇——中小城市——以大中城市为中心的经济区域。他一生的思想路径，则可表达为：江村经济——行行重行行——文化自觉——天下大同。行动与思想之间，常常具有高度的重合性。费孝通提出的乡村工业发展、差序格局、小城镇理论、文化自觉思想，以及中华民族多元一体格局的提法；后来总结提炼的"苏南模式"，和"各美其美，美人之美，美美与共，天下大同"的提法，均在社会上产生广泛而深远的影响。而所有这些，他都是在汽车上、马路边、农户家中酝酿和逐步成形的，都是来自实践又高于实践的思想结晶。据不完全统计，改革开放后的 20 多年间，费孝通每年有1/3 时间都在路途中。2001 年，费孝通已是 91 岁高龄，但他的足迹依然遍及上海、深圳、沈阳等 10 多个省市，历时 180

多天。

"我这一生一直在写文章。"回想费孝通留下的 550 万字的 15 卷文集，已经并正在影响无数人的生活和学问。《江村经济》等名著，真可谓文思泉涌，滔滔大观。"走一趟，写一篇"，脚勤的费孝通每年冬季稍微放慢脚步，把脑勤的成果通过双手呈现出来。迎来改革开放的春天，他更是"狂来笔力如牛弩"，写作达 300 多万字。除了学术著作，费孝通还发表了大量的散文、随笔和诗歌。

文为心声，读其文，闻其声而识其人矣。在脚勤和手勤的基础上，费孝通勤于向党、国家和人民群众直接表达。1957 年，他写就《知识分子的早春天气》一文，对当时知识分子的生存处境提出建议。担任全国政协副主席和全国人大常委会副委员长后，他更是为国为民大声疾呼，善于向国家建言献策。

多输入与高产出

"围在城里的人想逃出来，城外的人想冲进去，对婚姻也罢，职业也罢，人生的愿望大都如此。"钱钟书的"围城论"，让人联想到他"多输入与高产出"的治学精神。

钱钟书被誉为"博学鸿儒""文化昆仑"，与饶宗颐并称为"南饶北钱"。这同他在治学上追求"多输入"，是成正比的。钱钟书口若悬河、舌璨莲花、隽思妙语，其《围城》《管锥编》等"高产品"，均属精品力作。

钱钟书出身教育世家，常为父亲钱基博代笔写信，后发展到代作文章。有一次，他代父为乡下一大户作墓志铭。偶然间，听见父亲对母亲称赞那篇文章的钱钟书，高兴得简直要跳起来。杨绛晚年回忆：钱穆的《国学概论》1931 年由商务印书馆出版，他请钱基博为之作序。钱基博就让钱钟书代笔，序写好后，父亲一个字也没有改动。《国学概论》出版时没有人看出，这篇序是一个刚满 20 岁的青年代写的。

1929 年考入清华大学外文系的钱钟书，立志"横扫清华图书"。他决心把图书馆 130 多万册藏书，从 A 字第一号开始通览一遍。在大学的 4 年间，钱钟书共读 33 门课程，其中 29 门必修、4 门选修，包括英文、法文、伦理学、西洋通史、古代文学、戏剧、文学批评、莎士比亚、拉丁文、文字学、美术史等。让人难以置信的是，他的成绩当时在文学院和全校都是罕有匹敌的。

一生孜孜读书、乐此不疲，但不主张做"书呆子"，强调追求真正的学问。钱钟书 1941 年完成《谈艺录》《写在人生边上》的写作，1947 年出版长篇小说《围城》，1958 年创作的《宋诗选注》被列入中国古典文学读本丛书，1972 年开始写作《管锥编》。1976 年，由钱钟书参与翻译的《毛泽东诗词》英译本出版。1982 年，出版《管锥编增订》。包括古今中外近 4000 位著名作家的上万种著作中数万条资料的《管锥编》，谈愚民、谈酷吏、谈冤狱、谈艺文、谈方正圆滑、谈世道人心，是一部纵横捭阖的巨著。

非凡不在于记忆力，而在于见解的创造性与批判性；价值不在于建构一个体系，而在于博学和清醒。钱钟书主张多读书、多比较，从中发现问题、认真思考，许多时候应变换视角，发掘新意，触类旁通，达到"通识"。在精熟中华文化和通览世界文化的基础上，他观察中西文化事物时，总表现出一种清醒的头脑和深刻的洞察力。

从不拒绝任何一种理论学说，也不盲从任何一个权威。钱钟书毕生致力于确定中国文学艺术在世界文学艺术宫殿中的适当位置，从而促使中国文学艺术走向世界。他既阐发中华文化的深厚意蕴和独特价值，也指出其历史局限性和地域局限性；既批评中国人对本土文化的妄自尊大，又横扫西方人以欧美文化为中心的偏见。

一壶天地小于瓜

　　"万古不磨意，中流自在心"，是饶宗颐的诗句，更是人生哲理。不磨就是不朽，中国人讲立德、立功、立言"三不朽"。饶宗颐爱说，"我每天坐在葫芦里"，并引用明代诗人余善的"一壶天地小于瓜"。因静而远，因耐苦而自在。

　　成功贵在有静心。《大学》有载："定而后能静，静而后能安，安而后能虑，虑而后能得。"在欲望与诱惑面前沉着淡定，在困难与挫折面前矢志不渝，才能不断迈向新的成功。一代通儒饶宗颐以淹博著称，仅《饶宗颐二十世纪学术文集》就有14卷20大册逾千万字，分为史溯、甲骨、简帛学、经术、礼乐、宗教学、史学、敦煌学、目录学等领域。饶宗颐通晓多国语言，包括梵文、希伯来文，熟知古代楔形文字、甲骨文、金文、简牍帛书等。

一代通儒如何炼成？饶宗颐以"辛苦待春锄"自况学术生涯，把个人比作农耕夫。他说，"我的求知欲非常强烈，这种求知欲征服了我整个人，甚至是吞没了我自己。虽然搞学问非常辛苦，非常枯燥乏味，但我觉得是一种乐趣，乐在其中"。成功胜在能吃苦，"不经一番寒彻骨，怎得梅花扑鼻香"。

学术界推崇饶宗颐治学的"奇正论"，他却说，别人说我是奇人，只说对了一半。老子讲"以正治国，以奇用兵"，我是"正以立身，奇以治学"。立身做人要正，可做学问必须出奇制胜，做别人没想过、没做过的。1982年，饶宗颐提出田野考古、文献记载和甲骨文考据相结合的研究夏文化"三重证据法"，后力倡力行利用新出土文物推动了甲骨学、敦煌学、简帛学的创建与深化。

做学问是文化的大事，是从古人的智慧里学习东西。饶宗颐谈到弘扬中华文化时说，一定要做到"求是、求真、求正"，弘扬正气，秉持正直，坚持正义。他曾说，茶、瓷器和玉器都是中国要素。西方人爱喝咖啡，中国人爱喝茶。咖啡是刺激性的东西，属于冲动文化；而茶是冷静、理性的，属于和的文化。茶文化讲究一个"定"字，就是心力高度的集中，内心安宁才能实现心"定"。他还赞赏中华文化中的"隐"，说中国人讲究情理法，有问题可以坐下来商量，先讲人情，不是有了分歧和争端就要打仗。这个很好，不打仗就能解决问题。

学术界还将饶宗颐与季羡林并列，称之为"南饶北季"。季羡林强调"天人合一"的思想，饶宗颐则多次谈到"天人互益"的观点，并作了详解：今天通行的《易经》，第一卦是乾卦，第二是坤卦，最后一个卦是"既济"和"未济"。"济"是成功，事情已经做好；"未济"就是还有未来，有很多要做的，表示保留"有余"，这是中华文化的一大特色。马王堆出土的《易》卦排列，是汉代写本，最后一个卦，就是"益卦"。"益"也是积极有建设性的观念。不懂"天人互益"，就变成"互害"了。所以，饶宗颐提倡天与人互相补足，一切事业要从益人而不损人的原则出发，并以此为归宿。

第五章　兴趣情怀

兴趣里有规矩，情怀中见担当。有兴趣爱好本无可厚非，关键在于把握好度。"与其用华丽的外衣装饰自己，不如用知识武装自己。"把读书学习作为一种追求、作为一种责任、作为一种健康的生活方式，做到好学乐学，自然兴趣就会高雅，境界就能高远，充分彰显家国情怀。

天若有情天亦老 人间正道是沧桑

纣王沉溺美色自焚摘星楼，宋徽宗痴情艺术而误政，可谓"好船者溺，好骑者堕，君子各以所好为祸"。夫君子之行，静以修身，俭以养德，非淡泊无以明志，非宁静无以致远。空谷幽兰，无人自芳。《孔子家语》载："芝兰生于深谷，不以无人而不芳；君子修道立德，不以困穷而改节。"兰花乃君子，本心不变，芬芳不改，是慎独的代表。朱德自20岁左右就爱兰、寻兰、品兰，一生作咏兰诗近40首，兰之精神深深地渗入他的生命中。文明健康、积极向上、勇于担当的兴趣情怀，既可纾解工作压力，还能修身养性、陶冶情操，提升人的思想和精神境界。

写报纸文章就像厨师做菜

　　新闻舆论工作，是中国共产党的一项重要工作。革命要靠枪杆子和笔杆子，共产党要左手拿传单右手拿枪弹才可以打倒敌人。重视新闻舆论工作是中国共产党的优良传统，是我国革命、建设、改革事业不断取得胜利的重要法宝，并涌现出一大批热爱新闻舆论工作、为之作出重大贡献的大家名家。其中，谢觉哉就是一个典范。

　　1941年8月26日，毛泽东在《鲁忠才长征记》一文按语中强调：现在必须把那些"下笔千言、离题万里"的作风扫掉，把那些"夸夸其谈"扫掉，把那些主观主义、形式主义扫掉。这"三个扫掉"，是对改进文风的具体要求。文风与党风政风紧密相连,改进文风必须永远在路上,常改常新,出新出彩。

谢觉哉先后任《大江报》和《红旗》报、《工农日报》主编,《边区群众报》社长。1942年,他在《解放日报》改版座谈会上提出,写报纸文章就像厨师做菜,总是做大碗肉,容易让读者腻味;应该写一些文情并茂、有针对性、以理服人的小文章,既避免篇篇都是大文章、板起脸孔说话的疲劳,又能改进文风、创作出更多的精致作品。

马克思、恩格斯在批判青年黑格尔派关于思想是历史的真正动力的论点时指出:思想根本不能实现什么东西。为了实现思想,就要有使用实践力量的人。英国作家威·赫兹里特也有一句类似的名言,伟大的思想只有付诸行动才能成为壮举。谢觉哉既是思想上的"高个子",望得远、看得准,又是行动上的"大个子",执行有力又有效。1942年4月至11月,他以"焕南"为笔名,在《解放日报》上新设"一得书"专栏,连续发表了60篇文章。比如,在《把颈骨硬起来》中,他讲述汉朝京兆尹面对皇权刚正不阿的故事,强调敢于维护真理的实事求是精神,提倡有法必依,"应罚的罚,应拘的拘,任何人的威胁,不屈;任何大头子的说情,不理。'硬起颈骨来'。"又如,在《怎样做县长》中,他提倡做有学识、亲民,"知稼穑之艰难"，而能解决实际问题的县长。再如，在《"就文件讨论文件"》中，他要求原原本本学习文件精神，并用于指导实践。

"一得书"专栏文章朴实生动、短小精悍、言之有物、平易近人，大都有感而发，娓娓道来，意味深长，为延安整风营造出良好舆论氛围。文章一发表，就受到毛泽东的好评。

言为心声，文如其人。谢觉哉不仅作文言简意赅、击中要害，而且为人简洁坦荡、心底无私。1950年1月，他给儿子写下一封家书，虽只有258个字，但微言见大义。

子谷、廉伯：

儿子要看父亲，父亲也想看看儿子，是人情之常。

刻下你们很穷，北方是荒年，饿死人，你们筹路费不易，到这里，我又要替你们搞住的吃的，也是件麻烦事。如你们还没起身，可以等一下，等到今年秋收后，估计那时候光景会好一些。到那时来看我，是一样的。打听便车是没有的，因为任何人坐车，都要买票。

你们会说我这个官是"焦官"。是的，"官"而不"焦"，天下大乱；"官"而"焦"了，转"乱"为安。有诗一首：

你们说我做大官，

我官好比周老官（奇才大老官）；

起得早来眠得晚，

能多做事即心安。

问你母亲好。

父字

一月廿一日

"焦官"是湖南方言，指不挣钱的官。周老官是其家乡一位勤劳能干的长工，在村里以老实闻名。谢觉哉的意思是说，我当的是共产党的官，就是为人民服务的"长工"。

走出一条感化教育之路

中国教育一直心系祖国，以民族复兴、国家强盛为使命担当。从期望教育救国、教育兴国，到建设教育强国，凝结着一代一代贤达之士的心血与奉献。

"中国的土地可以征服而不可以断送！中国的人民可以杀戮而不可以低头！"匡互生从火烧赵家楼的"五四英雄"，到热爱教育、心系教育的教育家，走出了一条感化教育之路。

1919 年 5 月 11 日的《每周评论》载，北京高师数理部学生匡互生率先跳入宅内并打开宅门，学生大队涌入，痛打了正在曹宅的驻日公使章宗祥。学生遍寻曹汝霖不着，激愤之下，于 4 时 30 分左右怒烧其宅。匡互生 1925 年回忆道："那些受过革命教育和参与过革命运动的学生,眼看见这种情形,抚今思昔,就大有一代不如一代之感。于是反躬自问,就觉得责无旁贷,不能不有所作为了。"

时势造英雄,英雄也造时势。辛亥革命时,匡互生持枪攻打巡抚衙门;湖南护法时,他与毛泽东在《驱张宣言》上签下:"公民代表匡互生",并携着炸弹,誓与张敬尧拼个死活。

世异则事异,事异则备变。为"改造社会、改造人性",匡互生献身于教育事业,先后在湖南、浙江、上海等地任教,创办了立达学园。朱自清歌颂他:"心里那一团火是热、是力、是光";周予同说他:"是中国现代史上最值得纪传的人物"。

"一位有理想、有干劲、为国为民的教育家","我把他当作照亮我前进道路的一盏灯",巴金视匡互生为偶像。匡互生常说,教育这件事,父母对子女也好,教师对学生也好,我看还是要用大禹治水的办法,是疏导,不宜采用鲧的堵塞方法。教师对待学生的淘气、缺点,是恕恶,而不是嫉恶。1924年,他在上虞春晖中学任教。学校有五个缺点多的学生,被一些师生叫作"五只老鼠"。匡互生一个个地了解情况,找学生本人谈话,上门去家访,直到把"五鼠"转化为爱学习的"五虎"才罢手。我国昆虫学史学科奠基人周尧,曾在匡互生创办的上海立达学园就读高中。他后来忆起匡互生自律甚严，对学生却慈爱如父，从不惩罚责骂，主张用"人格感化"教育学生。

何谓立达？《论语》曰：夫仁者，己欲立而立人，己欲达而达人。我国著名美学家朱光潜说："立达"就是"解放全人类才能真正地解放自己"，这一辩证思想的朴素表达方式。匡互生认为，中国社会百孔千疮，积弊很多，究其原因，不外乎制度和人性两个原因。而要改造中国制度与人性，入手第一件事就是改造人。人性改造、思想改造，是社会改造的基础。1925年立达学园开学，一座新型学校诞生，一条"修养人格、研究学术、发展教育、改造社会"的新教育道路，在匡互生的脚下开始延伸。

楚汉之争激发指挥灵感

　　"山高路远坑深，大军纵横驰奔。谁敢横刀立马？唯我彭大将军！"毛泽东诗中的彭大将军——彭德怀，不仅善打仗，而且爱下棋。

　　一方棋盘，32 枚棋子，交错出岁月轮廓；楚河汉界，波澜万千，激荡起棋坛风云。千百年来，象棋这一传统的智力运动项目，在一辈辈人手中传承。从田间地头到街头巷尾，对弈之乐随时铺展。在中国人民革命军事博物馆里，现保存着一张彭德怀和朱德下棋的珍贵相片。那是 1953 年的一天，朱德和彭德怀等人去十三陵郊游。一路上，两人走在最后边。突然，朱德立住脚，意味深长地望着彭德怀说："摆吗？"彭德怀立即表示同意。于是，卫士们支起行军床，摆上象棋，放好马扎，二人开始"厮杀"。随行的林默涵按动快门，留下这幅情趣盎然的照片。

彭德怀不仅是"棋迷"，而且有两个鲜明的特点：爱溜号，好悔棋。他看着棋盘上的车、马、炮，便想到真枪真炮上去了，总想悔棋保护自己的一兵一卒；碰上对手要吃手下的"大将"，他就捂住这个子儿不放，说是得重新考虑。彭德怀有"棋瘾"，即便抗美援朝期间，百忙中的他也不忘下棋，常在饭后的间隙找人下棋。这不但不会影响他打仗，反而能缓解其精神压力，激发指挥灵感。

毛岸英经常为悔一步棋，与彭德怀争得面红耳赤，不亦乐乎。事后，成普对他说："岸英，我给你提一条意见。""你请讲。""关于下棋嘛，对于彭总来说，是紧张思考后的一种娱乐，一种休息，一种松弛，不应该太认真了……而你呢，跟彭总下棋总是那么认真，我认为这样不好。"毛岸英觉得在理，就一个劲地点头说："成副处长，你说得对，你提的意见好，我过去太粗心了，今后一定改正！"

常言道："知错就改，光明磊落一辈子；知错不改，内疚一辈子。"从这以后，毛岸英每当看到彭德怀愁眉紧锁时，就主动提出跟他下一盘，让他松弛一下，彭德怀也欣然应战。每每下着下着，彭德怀禁不住又干起"老本行"来。悔几次棋后，发现毛岸英竟然没有丝毫埋怨的意思！彭德怀感到不对劲，他习惯了毛岸英的"反抗"，对他忽然间变得如此"温顺"感到不解，就忍不住多看毛岸英几眼，直看得他不好意思。

"棋如其人"，常与彭德怀下棋的，有朱德、任弼时、黄克诚、陈赓等人。彭德怀曾与任弼时为邻，午后休息时间，他常向任弼时挑战："你敢耍上门来，岂能容你！"任弼时听后毫不怯阵，跟着就打进门来挑战。旋即铺好棋盘开始"厮杀"，双方都那么聚精会神，思考着每一步棋路，小心翼翼地盘算对方。为一兵一卒的得失，或因一着不慎走错棋子，彭德怀又开始悔棋。为此，双方竟抢来夺去，争执很久。对此，彭德怀对身边的工作人员说过，下棋中的胜负，并不具有什么原则性的意义，胜败乃兵家常事；但争取赢的认真态度、顽强坚持的精神却是不可少的，这反映人们的意志和毅力，同时又是对人们战胜困难、克敌制胜的一种锻炼。

从尚武精神到时尚体育

中华武术的学习和修炼过程，既养生又养心——从一招一式、坐言起行的严格规矩，到"冬练三九，夏练三伏"的坚忍不拔、持之以恒，再到明辨善恶、尊师重道及君子之风的武术修养，使之成为传统体育和德育中的一部分。

崇尚中华武术，发展体育运动，是许多开国将帅强身健体的爱好，更是精忠报国的志向。在贺龙身上，就经过了一个从尚武精神到时尚体育的过程。

"仗剑走天涯，煮酒论英雄。"尚武精神不是逞凶斗狠、偏爱战争，而是一种绝不忍受压迫、敢于反抗不公的精神。贺龙继承来自祖辈的尚武精神，早在儿时就开始习武。在贺龙纪念馆里，至今保留着他当年习武的工具：50 多斤的石碾子、80 斤的偃月刀。常年的强身健体，让贺龙对体育运动有着自然的好感。

"你们在贺师长领导下，一面打仗，一面开展体育运动，这很好！"1938 年河间齐会战斗后，毛泽东给予贺龙和 120 师高度评价。在著名的河间齐会战斗中，贺龙面对凶悍日军，居然一边打仗，一边打球。这种泰山崩于前而面不惊的胆识，堪比唱空城计吓退司马懿大军的诸葛亮。事后，军内外都说贺龙有支"战斗篮球队"。

新中国成立前，人们普遍觉得体育运动是"四肢发达，头脑简单"的事情，把体育事业与杂耍卖艺归为"下九流"的行当。当时我国体育事业萎靡，体育人才匮乏，中国人被扣上"东亚病夫"的耻辱帽。新中国成立后，贺龙组织起第一届人民体育大会。更难能可贵的是，他有着超前的体育思想。这主要表现在："体育是全国人民的事业，是为了改善人民的健康状况，增强人民的体质，是为了我们的国家工业化和国防现代化"的全民健身理念；"解放了的中国人民，要有争取胜利，破世界纪录的雄心和气魄，我们要更快地赶上和超过世界水平，要叫人家来破我们的纪录，不要跟在人家屁股后面跑"的豪情壮志和拼搏精神。

"体育事业也需要这样的人才!" 1952 年,贺龙一走上国家体委主任岗位,就开始招兵买马。在申办北京奥运会中作出重要贡献的何振梁,就是被贺龙亲自点将加入体委的;培养出庄则栋等一批世界级运动员的乒乓球运动员傅其芳,也是贺龙派人从香港接回来的……贺龙对运动员的要求,可概括为"三从一大":从严、从难、从实战出发、大运动量训练。

"我该批评就要批评,你们该哭就哭,我还是要批评。"正是贺龙直爽公正的话语,抹平了体育人心中的问题,让我国体育水平有了新的飞跃。1961 年,中国获得 26 届世乒赛主办资格,这不仅是新中国第一次举办世界级体育赛事,中国队还取得了男单、男团、女单金牌和四项亚军的辉煌成绩。

黑白对弈助力中日邦交

数千年来，被人们喻为黑白二人世界的围棋，将科学、艺术和竞技三者融为一体，颇具机动灵活的战略战术思维。作为我国现代围棋事业奠基人之一的陈毅，在笑谈对弈中，既成就了一段助力中日邦交的佳话，又呈现出以小见大、以静制动、以无胜有的围棋哲思。

"围棋、乒乓球、书法、兰花都可以。不谈政治，只谈友谊。"1959年，陈毅陪同周恩来接见日本访华代表团，与日本政界知名人士松村谦三达成这样的共识。随后不久，他邀请日本围棋代表团访问中国，开启了中日围棋交流的时代。1964年12月20日，日本29位著名的棋手联名倡议：恢复日中邦交。

当时，许多棋手走上街头，在闹市区征集签名，宣传日中友好。此次签名运动，对中日邦交正常化起到很大的促进作用。这一以小见大的"围棋外交"，先于人们后来耳熟能详的中美"乒乓外交"。

唐代诗人白居易有云："映竹无人见，时闻下子声。"一幅纹枰对坐、清幽无比的图景，彰显的是以静制动、从容谈兵的心态。在我国，"文化人"这一称呼，大体上流行于抗战时期，特指人文知识分子。当时，新四军军部驻地停翅港附近有一"卖饭曹"村，陈毅将之设为"文化人村"，先后有薛暮桥、骆耕漠、钱俊瑞、孙冶方、范长江、夏征农、黄源、李一氓等著名文化人来"文化人村"生活和聚会。戎马倥偬、时局艰难中，陈毅常与诸文友黑白对弈、诗歌唱和，论史之兴废，议抗日之大计。

与围棋结下不解之缘的陈毅，即便在行军打仗时，一副棋子也从不肯离开身边。黑白对弈，铁马冰河，静谧却含金戈之声。1940 年 10 月的黄桥战役，陈毅指挥新四军鏖战国民党顽固派韩德勤部。部署完作战任务，众将领命而去，但战况复杂，气氛紧张。总攻发起后，陈毅索性在指挥部摆上棋盘，用下棋来安定军心。经过一昼夜决战，捷报传来：我军大胜，歼敌逾万！

常言道："不打不相识。"早年，陈毅和李立三有过这么一件"弈事"。去法国勤工俭学的轮船上，他们时常在甲板上对弈。很多时候，两人因一手棋争执起来，谁也不让谁，引起围观的学友们大笑不已。有一次，李立三一气之下，竟将一盘棋子端起来抛到海里。然而，过了一会儿，两人的火气烟消云散，"棋瘾"又犯了，可惜船上已无棋子，真是懊悔万分。后来，陈毅、李立三多次提起这件以无胜有的"弈事"，成了一段让人开怀大笑的趣谈。

1984 年，中国举办首届中日围棋擂台赛。当我国棋手江铸久连战连胜时，时任副总理的方毅亲自到场观战。一得知中国队取得最后胜利后，他轻声叹道："如果陈老总还在，他该有多高兴啊！"

余事作诗人

古希腊哲学家柏拉图相信存在一个理式世界，人之家园是对理式世界的模仿，艺术是对理式世界模仿的模仿。而德国哲学家黑格尔相信存在永恒的绝对精神，人之家园是绝对精神的外在表现，艺术是对绝对精神的直观把握。尽管两位哲人对艺术的态度大相径庭，但他们的文艺观都揭示出一点：艺术可再现或揭示人之家园，并由此通达真理。

中国诗起源于先秦，鼎盛于唐代。中国词起源于隋唐，流行于宋代。中华诗词历来深受大众青睐，叶剑英常于军国政务之余，"余事作诗人"，被毛泽东誉为"善七律"的杰出诗人。叶剑英主张："文艺结合政治，才能为人民服务，为中国人民最高的利益而斗争。"吟诵叶剑英的诗词，可得到一个认证：诗词能以语言重新生成一个家园，在此家园物质与精神并存、个体与历史交融。

我国现代诗人何其芳说过："诗是一种最集中地反映社会生活的文学样式，它饱和着丰富的想象和感情，常常以直接抒情的方式来表现，而且在精练与和谐的程度上，特别是在节奏的鲜明上，它的语言有别于散文的语言。"《重读毛主席〈论持久战〉》和《七律·远望》，是叶剑英两首著名的诗作。1965年，重读《论持久战》后，他赋诗："百万倭奴压海陬，神州沉陆使人愁。内行内战资强虏，敌后敌前费运筹。唱罢凯歌来灞上，集中全力破石头。一篇持久重新读，眼底吴钩看不休。"一句"眼底吴钩看不休"，沉淀了叶剑英对当时国际紧张局势的深刻思考。这年秋天，他又创作出《七律·远望》："忧患元元忆逝翁，红旗缥缈没遥空。昏鸦三匝迷枯树，回雁兼程溯旧踪。赤道雕弓能射虎，椰林匕首敢屠龙。景升父子皆豚犬，旋转还凭革命功。"诗中以"昏鸦三匝迷枯树，回雁兼程溯旧踪"的形象比喻，表达了个人对国际社会主义阵营走向和前途的担忧。

中华诗词源自民间，属于一种草根文学。可是，叶剑英的诗篇充满着"先天下之忧而忧，后天下之乐而乐"的家国情怀。早在 1915 年，他就写下《油岩题壁》："放眼高歌气吐虹，也曾拔剑角群雄。我来无限兴亡感，慰祝苍生乐大同。"另一首《登祝融峰》则表达了他坚持抗战、挫败顽敌的坚强意志和战斗激情："四顾渺无际，天风吹我衣。听涛起雄心，誓荡扶桑儿。"

即兴作诗附和，一时传为佳话。1940 年，朱德赴重庆与国民党谈判之际，日军大举进攻晋西北根据地，并进逼陕甘宁边区。朱德闻讯立即返回延安，并奋笔疾书七绝《出太行》："群峰壁立太行头，天险黄河一望收。两岸烽烟红似火，此行当可慰同仇。"叶剑英辗转读到此诗后，有感于时局变幻，即兴作诗附和："将军莫唱大刀头，沦陷山河寸寸收。勒马太行烟雾外，伊谁与我赋同仇。"朱德读到这首诗后，非常欣赏，立即亲笔抄录留念，一时传为佳话。

诗如其人，人为其诗。《八十书怀》是一首流传颇广的诗："八十毋劳论废兴，长征接力有来人。导师创业垂千古，侪辈跟随愧望尘。亿万愚公齐破立，五洲权霸共沉沦。老夫喜作黄昏颂，满目青山夕照明。"这表达了叶剑英忧国忧民的家国情愫，寄托着为人民最高利益奋斗的革命意志。

马背书法家

书法是中华文化瑰宝，是人类文明宝贵财富。舒同在戎马生涯中，一手持枪，一手握笔，每当战斗间隙就潜心书法研究，有时在马背上也比画字形，许多红军指战员称他为"马背书法家"。

"痴迷"书法，事出有因。1930 年，中央苏区总前委举行苏区军民歼敌誓师大会，毛泽东书写一副对联："敌进我退，敌驻我扰，敌疲我打，敌退我追，游击战里操胜券；大步进退，诱敌深入，集中兵力，各个击破，运动战中歼敌人。"这副对联不仅道明游击战、运动战的要义和方法，而且对仗工整、字体飘逸，舒同见后感慨万千，以致多年后，他对毛泽东说：我参加革命后，把书法与革命融为一体了，书法特长帮助我搞革命活动，而革命斗争又给了我书法艺术以深刻影响。我这个人呀，就是革命加书法。

早就知道你了，在《红星报》上看过你的文章。一次打扫战场时，毛泽东握着舒同的手说。这是两人的第一次会面，当时毛泽东从地上捡起一颗子弹壳说：这就是战地黄花啊！舒同猛然想起毛泽东的《采桑子·重阳》："人生易老天难老，岁岁重阳。今又重阳，战地黄花分外香。一年一度秋风劲，不似春光。胜似春光，寥廓江天万里霜。"

中国古典诗词中，"悲秋"历来是一个传统主题。所谓"悲愤出诗人"，不少诗作均透着一种苍凉之感或失意之感。最乐观的当属唐代刘禹锡诗作："自古逢秋悲寂寥，我言秋日胜春朝。晴空一鹤排云上，便引诗情到碧霄。"而毛泽东写的《采桑子·重阳》，则气势磅礴、胸襟开阔、意象万千，旷达情怀，呼之而出。许多指战员都把"黄花"理解为菊花或其他花卉，而今作者却作出另一番诠释。

有一次，毛泽东说舒同是党内的才子，是党内一支笔。一些人认为"党内一支笔"仅仅是指书法，实则文章和书法皆属"上乘之作"。舒同的文风极具气势，如1939年发表在《抗敌报》上的一文指出：中日两大民族屹然立于东亚，互助则共存共荣，相攻则两败俱伤。此乃中日国民所共知，而为日本军阀所不察。

熟悉舒同的人都说，他是"人民的书法家"。舒同的作品，早在20世纪四五十年代就已流行，除当"革命文丐"卖过字外，他从未收过润资。舒同是新中国首任书协主席，却宣布只当一届；他成名70余载后，才举办第一次书法展览；他90岁高龄时，才出版第一部作品集。

毛泽东曾对舒同说：有人说舒体字是"七分半书"，即楷、行、草、隶、篆各取一分，颜、柳各取一分，何绍基取半分。也有的书法家评价你的字体风韵是"沉雄峭拔，恣肆中见逸气，忽似壮士如牛，筋骨涌现"。书法应先与古人合，后与古人离，取诸家之长，创自己风格。舒体均做到了，并被作为单独的字体输入电脑，享誉海内外。

以山歌为武器

　　唔怕死来唔怕生，天大事情妹敢担；一生革命为穷人，阿妹敢去上刀山。打起红旗呼呼响，工农红军有力量；共产万年坐天下，反动终归没久长。穷苦工农并士兵，希望大家爱齐心；打倒军阀国民党，何愁天下唔太平。

　　龙岩山歌，被誉为"闽西一朵艳丽的山茶花"。打小酷爱唱歌的张锦辉，常对百姓唱起这支客家山歌；并以山歌为武器，对敌进行英勇斗争。

　　1927 年，张鼎丞回到金砂，创办平民夜校，建立农民协会。张锦辉进入夜校学习，懂得穷人要翻身就得闹革命的道理。每次召开群众大会时,她都唱上几支革命山歌。在扩大红军的动员大会上,她用山歌发动广大青壮年踊跃报名参军:"韭菜开花一管子心,当兵就要当红军……"1928年"永定暴动"时,张锦辉一面给暴动队员送茶水、送饭菜,一面以革命山歌为武器,做宣传鼓动工作。1929年,她剪下辫子,带头参加苏区宣传队;1930年春,张锦辉加入共青团,任红军游击队宣传员。

山歌是我国民歌的基本体裁之一。张锦辉天生一副金嗓子,并能够深刻理解歌词的内容,演唱的《救穷歌》《军阀的罪恶》等山歌,具有极强的感染力。她热情而富有鼓动力的歌声,成为永定苏区富有感召力的宣传方式,群众亲切地叫她"红色小歌仙"。张锦辉的歌声,既唱出穷人的苦难和仇恨,也唱出地主老财的凶狠和残忍。为此,敌人对她恨之入骨。

1930年5月,宣传队奉命到毗邻的仙师乡西洋坪开展工作,突遇保安团袭击,张锦辉不幸被俘。民团团总陈荣光审讯她:"小妹子,只要你告诉我你堂哥张鼎丞在哪儿,我马上赏给你20块大洋,放你回家。"张锦辉冷冷地看他一眼,一声不吭。陈荣光见状,恶狠狠地说:"你小小年纪,可受不了这些皮肉苦吧!难道你就不怕死吗?"她怒斥道:"怕死?怕死我就不闹革命了!"陈荣光见张锦辉软硬不吃,气得让人把她吊在空中,用皮鞭狠狠地抽打。张锦辉受尽酷刑,却始终坚贞不屈,气急败坏的敌人无计可施,决定对她痛下毒手。

第二天,张锦辉昂首挺胸,带着沉重的铁镣、一瘸一拐走向刑场。在人群之中,张锦辉的母亲早已泣不成声,突然冲出来把她紧紧地抱在怀里,哭喊道:"八嫲子,你才十五岁啊!你怎么能丢下娘走了啊!"张锦辉双膝跪地说,"娘,女儿不孝,你自己要多保重啊!相信鼎丞阿哥他们一定会回来的!"说完,她站了起来,大声喊道:"叔伯乡亲们,别难过","生死跟着共产党,革命到底不变心"。

敌人的枪声又响了,张锦辉倒在刑场上,但她的歌声,伴随着奔流不息的汀江永远流传。新中国成立后,她被共青团中央列为"中国十大少年英雄"之一。

稻田里唱响奋斗之歌

国以民为本，民以食为天。我国 2004 年以来粮食连续丰收，全国粮食产量已从 2012 年的 61223 万吨，提高到 2019 年的 66384 万吨，创历史新高，走出了一条中国特色粮食安全之路。

中国之所以能够确保谷物基本自给、口粮绝对安全，国内外一些有识之士在问：从第一期超级稻到第四期，为何每公顷 16 吨、17 吨、18 吨的攻关目标均能实现？为何中国杂交水稻的科研工作水平始终领先世界？"杂交水稻之父"袁隆平这样回答："经常有人问我成功的秘诀是什么？其实谈不上秘诀，我的体会是'知识、汗水、灵感、机遇'这 8 个字。"他和同事们热爱"三农"工作，常年耕耘在稻田里，唱响了一支奋斗之歌。

从 1956 年发现水稻中一些杂交组合有优势，认定是提高水稻产量的重要途径；到 1966 年发表论文《水稻的雄性不孕性》，拉开了中国杂交水稻研究的序幕。一晃 10 年，古人讲"十年磨一剑"，这似乎才闻到"梅花香自苦寒来"的幽香。此后，袁隆平与学生李必湖、尹华奇成立"三人科研小组"，开始水稻雄性不孕选育计划。直至 1970 年发现一株花粉败育野生稻，取名为"野败"，才打开杂交水稻研究的突破口。1973 年，在第二次全国杂交水稻科研协作会上，宣布籼型杂交水稻三系配套成功，水稻杂交优势利用研究取得重大突破。都说往事如烟，其实往事并不如烟。忆起 18 年的攻坚克难，袁隆平说，我们"就像候鸟追着太阳"，每年前往云南、海南和广东等地辗转研究，只为寻找合适的日照条件。

"我们国家人口多、耕地少，保障国家粮食安全，唯一的办法就是提高单产。因此，高产对于我来说，是一个永恒的主题。"1986 年，袁隆平提出杂交水稻育种战略：由三系法向两系法，再到一系法，即在程序上朝着由繁到简但效率更高的方向发展。从 1976 年到 2018 年，杂交水稻在全国累计推广面积约 85 亿亩,增产稻谷 8.5 亿吨。每年因种植杂交水稻而增产的粮食,可多养活约 8000 万人口,为中国人牢牢掌握自己的饭碗,作出了突出贡献。

解决"吃饱饭"后,袁隆平将更多精力放在"吃得好"和"更健康"上。由他领衔、已实施 10 多年的超级杂交稻"种三产四"丰产工程,开始从过去强调产量向兼顾绿色优质的目标转变。2018 年,这一丰产工程呈现显著变化:在 30 多个参与品种中,优质稻占比超过 30%,不少品种的米质达到国家二级标准,并具备广适性、高抗性和低成本等特点。

袁隆平还有一个梦想:让杂交水稻覆盖全球。20 世纪 80 年代以来,袁隆平团队通过开办杂交水稻培训国际班,已为 80 多个发展中国家,培训了 14000 多名技术人才。目前,全球已有 40 多个国家和地区实现杂交水稻的大面积种植,每年种植面积达 70 万公顷,比普通水稻增产 20%以上。

从一粒种子生长为一棵秧苗,再成长为一株稻穗,虽历经风吹雨打,但只要坚持生长,袁隆平的梦想终会变成现实。

守望中国最后一缕阳光

新疆乌恰县吉根乡有一个富有诗意的名字——"中国最后一缕阳光乡"。这是因为，那是祖国的最西部。没有无边境的国家，也没有无边民的边境。布茹玛汗·毛勒朵用 50 多个岁月，守望着一个叫冬古拉玛的山口。

冬古拉玛，意为乱石飞滚。山口平均海拔 4290 米，最高处超过 5000 米。这里除了冰川大山，还有一道独特的风景——几乎随处可见，刻着柯尔克孜文和汉字两种"中国"字样的石头。而所有这些，都是布茹玛汗雕刻的作品。

每一座毡房，都是一个流动的哨所；每一位牧民，都是一个活着的界碑。"这里是解放军吃着草根才得到解放的，你们要守好边境,像待家人一样待解放军。"受父亲爱国情怀的影响,1961年布茹玛汗跟随丈夫在冬古拉玛安家。她发现,这里虽有边界线,但没有界碑。那时的她,便立下手刻界碑的心愿。布茹玛汗记得,当她第一次将"中国"刻在石头上时,欣喜若狂地将那块石头抱在怀中。几十年弹指一挥间,布茹玛汗在10多万块石头上刻下"中国"两字。

"我熟悉冬古拉玛山口的石头,如同熟悉自家抽屉里放置的东西一般。"哪块大石头有挪动,布茹玛汗一看便知。一天清晨,她巡边时发现界碑被人动了手脚,骑上马转头就向边防派出所赶去。60多公里的山路,悬崖深涧、怪石嶙峋,光危险地段就有17处之多。但布茹玛汗顾不上这些,马不停蹄地奔波数小时,才赶到边防派出所。顾不上休息片刻,她又带着官兵原路赶回。经过仔细勘查后,布茹玛汗与官兵一道将界碑恢复原位。

《论语》载,子贡曰:"贫而不谄,富而无骄,何如?"子曰:"可也。未若贫而乐,富而好礼者也。"布茹玛汗就是这样一位"虽贫穷却乐于道,虽富裕又好礼之人"。拥军爱军是她常年坚持的另一件事,布茹玛汗记不清救治过多少冻伤、摔伤、被困暴风雪的"兵娃"。1999年,战士罗齐辉巡逻时被困暴风雪中,双腿严重冻伤。得知这一情况后，布茹玛汗迅速将他抬进毡房，一边忙着把小罗的双脚揣在自己怀里暖着，一边让儿子宰杀山羊接热血救治。经过 1 个多小时急救，罗齐辉的双脚开始恢复知觉。2004 年，边防战士胡红利带着 7 名战友出发，原计划巡逻 8 天后到达冬古拉玛山口。天气突变，战士们被困半山腰、受冻挨着饿。暴雨之夜，布茹玛汗和儿子背着干粮、摸着石头，一点点地向前挪，赶了十几个小时山路，将救命干粮送到他们手中。战士们被感动得热泪盈眶，她却自责地说：我来晚了。

"把自己该做的事情做好，对得起自己、对得起国家就是最大的好。"对布茹玛汗而言，热爱祖国是一种信仰，已成为家风并得以传承。2009 年 8 月 1 日，正在和边防官兵一起过节的布茹玛汗，听说小女儿生了个儿子，当场决定给外孙起名"八一别克"：一个用脚步丈量祖国神圣领土的决心在继续，一个守边护边的信念在继续，一个心系祖国的爱国之情仍在继续。

第六章　科技高峰

　　科技是国家强盛之基，创新是民族进步之魂。突破自身发展瓶颈、解决深层次矛盾和问题，出路就在于创新，根子靠科技力量。关键核心技术是国之重器，要不来、买不来、讨不来，坚持创新驱动发展，勇攀科技高峰，才能为服务国家发展大局和增进人类福祉作出更大贡献。

世上无难事　只要肯登攀

　　人民是历史的创造者，中国人民早已实现"可上九天揽月，可下五洋捉鳖，谈笑凯歌还"的伟大预言。自2003年10月17日起，太阳系中一颗国际永久编号为25240的小行星，有了一个闪亮的名字——"钱三强星"。中国成为世界上从原子弹到氢弹阶段发展速度最快的国家，钱三强功不可没。他早年就发现原子核三分裂和四分裂现象，并对四分裂机制作出科学解释。放眼当今世界，新发现、新技术、新产品、新材料更新换代周期越来越短，抢抓新一轮科技革命和产业变革机遇，必须坚持自主创新、重点跨越、支撑发展、引领未来的方针，以全球视野谋划和推动科技创新。

一人之力何以远胜五个师

    1950 年，时任美国海军部副部长的丹尼尔·金贝尔，称钱学森"抵得上 5 个海军陆战师"。后来，毛泽东说美国人把钱学森当成 5 个师，在我看来，对我们来说，钱学森比 5 个师的力量大多啦。一人之力何以远胜五个师，钱学森的价值和力量到底在哪里？

    科学无国界，科学家有祖国。我国科学事业取得的历史性成就，是一代又一代矢志报国的科学家前赴后继、接续奋斗的结果。1955 年，钱学森离开美国前夕，麻省理工学院院长来到他的家中，再次劝他留下："说实话，中国没有航空科技，一个杰出的航空科学家回到农耕社会，能做什么呢？"钱学森微笑道:"在我的祖国,我做什么都行,如果我想,我可以去种苹果。"

1962年,我国自行设计研制的"东风二号"导弹升空后不久,坠落在离发射塔仅600米远的地方,将戈壁滩炸出一个大坑。导弹总设计师流着热泪说:"这个坑是我的,我准备埋在这里。"钱学森完全理解科研人员的沉重心情,主动给他们减压。他说:如果有考虑不周的话,首先是我考虑不周,责任在我,不在你们。你们只管大胆地研究怎样改进结构和实验方法,其他的事不要去想。

从过程中把握经济社会发展的内在趋势和规律,是马克思主义辩证思维和战略思维的基本特征。正如恩格斯所指出:世界不是既成事物的集合体,而是过程的集合体,其中各个似乎稳定的事物同它们在我们头脑中的思想映像即概念一样都处在生成和灭亡的不断变化中,在这种变化中,尽管有种种表面的偶然性,尽管有种种暂时的倒退,前进的发展终究会实现。这告诉人们,必须学会用马克思主义的辩证思维和战略思维看待万事成物的成长发展。众人拾柴火焰高,众人划桨开大船。很快,便找到了导弹发射失败的原因,主要是发动机、控制系统出了问题。通过这次教训,钱学森提出把故障消灭在地面的工作原则，这也成为我国航天事业的一条重要原则。

1980 年 6 月 5 日，钱学森登上中国航天远洋测量船，看望从南太平洋执行中国首枚洲际导弹发射测量任务凯旋的船员们。正是这一年，美国记者罗伯特·克莱伯写道："正是因为有了钱学森……他负责研究的火箭，正在使中国成为同苏联、美国一样，能把核弹头发射到世界上任何一个地方的国家。"

1991 年 10 月，国务院和中央军委联合授予钱学森"国家杰出贡献科学家"荣誉称号和"一级英雄模范奖章"。这两种荣誉同时授予一个人，在中华人民共和国的历史上前所未有。值得一提的是，在这之前，"一级英雄模范奖章"授予的全是战斗英雄。毫无疑问，钱学森是英雄，是战斗英雄，是战斗在中华民族砺剑铸盾特殊战场上的伟大英雄！

新华社对外公布的《钱学森同志生平》中，有 11 项"第一"格外醒目：中国第一枚近程地地导弹发射试验、中国第一颗人造地球卫星"东方红"发射、中国第一艘核动力潜艇、中国第一次潜艇水下发射导弹……这些"第一"，划时代地改变了中国，也改变了世界！

在电影《钱学森》中，80 岁的钱学森颇为感慨地对妻子蒋英说："也许我该给你道个歉，如果不是嫁给我，你会成为我们国家最好的女高音歌唱家。"妻子很是欣慰道:"我们这个国家,可以没有像蒋英那样的歌唱家,但是不能缺少像钱学森那样的科学家,我愿意为此作出牺牲。这不是遗憾,这叫光荣。"

开甲的"开挂人生"

1964年10月16日，我国第一颗原子弹成功爆炸后，程开甲又参与主持和决策30多次核试验，被称为中国"核司令"。从精研科学，到学成归来，再到矢志报国，程开甲波澜壮阔、风骨灼灼的一生，堪称"开挂人生"。

开甲这个名字是祖父特意起的，开就是开转，甲就是第一，期望他争取功名。程开甲不负"祖望"，1937年考取浙江大学的公费生，1941年留校任助教，1944年完成论文《弱相互作用需要205个质子质量的介子》，并被王淦昌推荐给英国科学技术史专家李约瑟。1946年已获得英国文化委员会奖学金的程开甲，经李约瑟推荐来到爱丁堡大学，成为被称为"物理学家中的物理学家"玻恩的中国学生。

1949年10月1日，毛泽东在天安门城楼上宣告：中华人民共和国中央人民政府今天成立了！这如同一声惊雷，让程开甲看到中华民族腾飞的希望。1950年，他谢绝玻恩的挽留，回到阔别已久的祖国。回国前的一天晚上，玻恩叮嘱程开甲："中国现在很苦，到了埃及，自己多买些吃的带回去。"然而，在他的行李里，全是固体物理、金属物理方面的书籍和资料。程开甲先在浙江大学，后到南京大学任教，并撰写出我国第一部《固体物理学》。

1960年，已过不惑之年的程开甲，被一纸命令调入北京。从此，他便"消失"在公众视野之外。为加快原子弹研制进程，1962年经钱三强推荐，程开甲成为我国核试验技术的总负责人，并穿上"橄榄绿"，成为人民军队大家庭中的重要一员。

1963年，程开甲踏入号称"死亡之海"的罗布泊，开启在茫茫戈壁20多年的工作和生活。他参与并主持决策了包括我国第一颗原子弹、氢弹、增强型原子弹、两弹结合和首次空投、首次地下平洞、首次竖井试验在内的几十次核试验任务，带领科研人员建立和发展了我国的核爆炸理论，系统阐明了大气层和地下核爆炸过程的物理现象及其产生、发展规律。

马克思说过：在科学的入口处，正像在地狱的入口处一样，必须提出这样的要求：这里必须根绝一切犹豫；这里任何怯懦都无济于事。每次开展核试验，程开甲都会到最艰苦、最危险的一线去检查指导，他多次进入地下核试验爆后现场，爬进测试廊道、测试间，甚至最危险的爆心。一次地下核试验爆炸结束后，他要求进洞，技术人员担心发生意外，极力劝阻。程开甲风趣地说："你们听过'不入虎穴，焉得虎子'这句话吗？我只有到实地看了，心里才会踏实。"

创业心态一直在状态，科技创新始终在行动。"回国后，我一次又一次地改变工作，一再从零开始创业，但我一直很愉快，因为这是祖国的需要。"这辈子最大的幸福，就是自己所做的一切，都和祖国紧紧地联系在一起。面对众多崇高荣誉，程开甲说，"我只是希望，我的建议、我的研究，能对我国的武器装备发展起到作用。"

"老顽童"玩出"三高峰"

熟识吴文俊的人，都说他始终怀着幼童般的好奇心，真是个"老顽童"。正是这股"顽性"，让他对数学世界里的新鲜事物，总是抱有一份好奇，想去探个究竟。在拓扑学、数学机械化、中国数学史"三大领域"，吴文俊玩出"三高峰"。

拓扑学被称为"现代数学的女王"。吴文俊的"数学路"正是始于拓扑学，师从数学大师陈省身。20 世纪 50 年代，他在法国留学期间引进的示性类和示嵌类，被称为"吴示性类"和"吴示嵌类"；导出的示性类之间的关系式，则被称为"吴公式"，至今被国际同行广泛引用。

曾有法国朋友对吴文俊说，"你若是晚走几个月，也许

1954年的菲尔兹奖就给你了。"后来，老有人问起这件事，吴文俊总是笑道："我并不在乎。"并表示，搞数学应该有自己的东西，走自己的路，不能外国人搞什么就跟着搞什么，应该让外国人跟着我们跑，这是可以做到的。

马克思指出：科学绝不是一种自私自利的享乐。有幸能够致力于科学研究的人，首先应该拿自己的学识为人类服务。科学无国界、创新无止境，但科学家有祖国、服务于大众。20世纪70年代，吴文俊在计算机工厂劳动，感到计算机作为新的工具必将介入数学研究中来。年近花甲的他，从头学习计算机语言，徜徉在"数学王国"中近乎忘我。几经"折腾"，吴文俊提出用计算机证明几何定理的"吴方法"。这被认为是自动推理领域的先驱性工作，对人工智能研究与发展影响深远，并使我国在自动推理和数学机械化领域处于国际领先地位。

科学家阿尔伯特·爱因斯坦说过："提出一个问题往往比解决一个问题更重要。"如果问题选不准，即使花费很大精力，也很难做出成果。吴文俊之所以被称为"真正理解中国古代数学的第一人"，这与他提出"中国传统数学的思想方法以算为主，以术为法，寓理于算，不证自明"的观点有着较大关联。这一观点与西方数学的逻辑演绎证明和公理化体系,有着异曲同工之妙,在数学历史发展的进程中,可谓交相辉映。20世纪70年代中后期,吴文俊对中国古代数学史产生浓厚兴趣,通过自学和对中国古算思想方法的研究,开创出机械化数学崭新领域,被誉为"继往开来,独辟蹊径,不袭前人,富于创新"。

对身边人认为中国古代"无数学"的观点,"老顽童"忍不住与人争辩、寸步不让,有时甚至不惜"翻脸"。吴文俊认为,祖冲之、刘徽和《九章算术》《周髀算经》等大家与著作,让中国数学曾处于世界巅峰。一些业内人士常常感叹:吴文俊是以一己之力、以传统算学为基础,开展算法研究;如果没有他,这可能是一门沦为"伪科学"的学术领域。

"什么灵光一闪,我还没见到过什么灵光,我自己也没有灵光,我就是个笨人。我有种怪论,数学是给笨人干的。"吴文俊不喜欢别人说自己是数学天才,可他开创的事业,正如那颗闪耀在天际的"吴文俊星",照亮着数学研究的前行之路。

十年完成"万年"使命

"潜艇,一万年也要搞出来!"开国领袖毛泽东一声令下,核潜艇研制工作正式启动。1970 年 12 月 26 日,我国第一艘核潜艇下水——仅用 10 年时间,就研制出国外需要几十年的核潜艇。

科技创新特别是原始创新要有创造性思辨的能力、严格求证的方法,不迷信学术权威,不盲从既有学说,敢于大胆质疑,认真求证,不断试验。"当时,我们只搞过几年苏式仿制潜艇,核潜艇是什么模样,大家都没见过",被誉为"中国核潜艇之父"的黄旭华回忆道。怎么办?没有条件就创造条件。"我们的办法叫骑驴找马。如果连驴也没有,那就迈开双腿先上路，绝不能等。"在设备紧缺的情况下，黄旭华要求所有进艇设备、管线，都要过秤称。功夫不负苦心人。"斤斤计较"的土方法，让数千吨核潜艇的定重测试值，几乎与设计值分毫不差。

1970 年到 1981 年，我国陆续实现第一艘核潜艇下水、第一艘核动力潜艇交付海军使用、第一艘导弹核潜艇顺利下水。"十年磨一剑"，中国核潜艇研制进展被写进世界核潜艇发展的历史。

1957 年，去广东出差的黄旭华，经组织批准回趟家。离家时，母亲叮嘱他："现在社会安定，你的工作也稳定了，记得常回家看看。"黄旭华满口答应，可谁也不曾想到，兑现这一承诺，竟用了 30 年。这 30 年里，黄旭华在信纸这一头，父母亲人在信纸那一头，就连父亲和二哥去世也没能回家。在乡亲们眼里，他成了典型的"不孝子"。

"三哥的事情，大家要谅解、要理解。"1987 年，黄旭华 93 岁的母亲，通过杂志得知有家不回、下落不明的三儿子是中国核潜艇总设计师，随即召集家中子孙说了这样一句话。第二年，黄旭华赴南海参与深潜试验，顺道探望母亲。64 岁的他，早已双鬓斑白，30 年后再相见，母子俩对视，竟无语凝噎。

1988 年，我国核潜艇研制迎来关键节点——首次极限深潜试验。在参试战士们的座谈会上，黄旭华动情地说："对深潜，我很有信心！我们准备了两年，每一台设备、每一块钢板、每一条焊缝、每一根管道，研制单位都反复检查、签字确认，确保万无一失。"紧接着，他说了一句谁也没有想到的话，"我要和大家一起参加试验！"放眼全球，在黄旭华之前，有哪一位核潜艇总设计师亲身参与极限深潜试验？

试验当天，天公作美。100 米，200 米，250 米……试验由浅潜到深潜。设备运转声、艇长传令声、艇员回报声和技术人员测试报告声，交织在一起，宛如一首奏鸣曲。接近极限深度时，潜艇一米一米往下潜。"咔嗒、咔嗒——"寂静的深海中，巨大的水压，压迫潜艇发出声响。在听取各项实测数据报告后，黄旭华果断地指挥："继续下潜！"

试验成功了，新纪录诞生了，全艇沸腾了！登上岸边，黄旭华再也抑制不住内心的激动，即兴作诗一首："花甲痴翁，志探龙宫，惊涛骇浪，乐在其中！"

孩子心中永远的甜

"健康对于生命，犹如空气对于飞鸟。有了空气，鸟儿才能展翅飞翔。"病毒学家顾方舟研发的脊髓灰质炎疫苗"小糖丸"，就像用双手捧给自然界的新鲜空气，护佑人类的生命健康，也让我国进入无脊髓灰质炎时代。

时间回到 1955 年，一种被称为小儿麻痹症的恶疾，在江苏南通地区暴发。这种疾病学名为脊髓灰质炎，多发于 7 岁以下儿童。孩子患病后，有的手动不了，有的腿脚变形，最严重的不能自主呼吸，甚至导致死亡。

那时，我国对这种流行病知之甚少，将其列为法定报告传染病，仅南通一地就收到上千例报告。随后，发病地区迅速蔓延，人人闻之色变，家家不敢开窗，儿童不让外出，每年因病致残的儿童达数万名。

时间来到 1959 年，顾方舟、闻仲权、董德祥、蒋竞武 4 人，被派往苏联考察。从学术会议得知，当时国际上有活疫苗和死疫苗之争。中国该怎么选？他们查阅所有能获取的公开资料，立足我国患病人口多、经济欠发达的实际，大胆提出走活疫苗技术路线的建议。这一决策对我国最终战胜脊髓灰质炎，产生了决定性影响。

决策已定、分秒必争，抓紧研制"脊灰"活疫苗。由顾方舟任组长，短短 3 个月，就试制出 I、II、III 型各 500 万人份的减毒活疫苗。在第一期临床试验阶段，需要找 10 名易感小儿服疫苗观察。"我带的头，对疫苗有把握，我孩子小东算一个！"顾方舟率先给年仅一岁的儿子报了名。同事们纷纷响应，顺利完成试验。到第三期临床试验的时候，已有 450 万名 7 岁以下儿童参与。结果发现：发病率明显降低。

活疫苗对低温要求高，为了便于运到偏远地区，亟须改进剂型。顾方舟提出研制糖丸疫苗，采用中药制丸技术，将病毒液包裹在糖丸中制成疫苗。历经 3 年不断改进糖丸配方和滚丸工艺，1962 年成功研制出可在室温条件下延长保质期的糖丸疫苗，第二年在全国推广。自此，一颗颗"小糖丸"挡住"脊灰"病痛，成为孩子心中永远的甜。

随着疫苗需求增长，生产任务不断加大，从最初的每年500万人份，达到最高1亿多人份。为跟进病毒动态，顾方舟团队每年开展病毒学、血清学、流行病学调查，不断改进免疫方案。1971年选育出中Ⅲ2株，代替原来使用的Sabin Ⅲ型毒种，1985年又成功研制出三价糖丸疫苗。1990年，全国消灭脊髓灰质炎规划开始实施，病例数逐年快速下降。自1994年发现最后一例患者，至今未发现由本土野病毒引起的脊髓灰质炎病例。

马克思说过：在科技上没有平坦的大道，只有不畏劳苦沿着陡峭山路攀登的人，才有希望达到光辉的顶点。2000年，"中国消灭脊髓灰质炎证实报告签字仪式"在原卫生部举行，74岁的顾方舟作为代表签下了自己的名字。有人说，顾方舟是比院士还"院士"的科学家。他却说：我一生只做了一件事，就是做了一颗小小的糖丸。

氢弹试验凭啥快速成功

    1967 年 6 月 17 日，罗布泊沙漠腹地，一声"东方巨响"，震惊世界：中国第一颗氢弹爆炸成功！从第一颗原子弹爆炸，到第一颗氢弹试验成功，美国用时 7 年多，苏联用了 4 年，中国仅用 2 年 8 个月。中国氢弹试验凭啥快速成功，速度世界第一的神话背后是什么？

    《中国军事百科全书——核武器分册》记载：于敏在氢弹原理突破中，起了关键作用。一些人尊称这个"国产专家一号"为"氢弹之父"，他却说，这是成千上万人的事业。

    惊喜源于意外，也来自意料之中。1961 年的一天，原以为会搞一辈子原子核理论研究的于敏，应邀来到钱三强的办公室。钱三强直言道:"经所里研究,请报上面批准,决定让你参加热核武器原理的预先研究,你看怎样?"因工作特殊,于敏的名字在此后 28 年里成了绝密。连妻子孙玉芹都说:"没想到老于是搞这么高级秘密工作的。"

氢弹理论的探究是一个全新领域。当时,核大国对氢弹的研究绝对保密,短期内实现氢弹研制理论上的突破,绝不是一件轻而易举的事。一切从头开始,装备实在简陋,除了一些桌椅外,只有几把算尺和一块黑板。一台每秒万次的计算机,需要解决各方涌来的问题,仅有 5%的时长,可留给氢弹设计。

巨大的成功背后是难以想象的艰辛。为尽快研制出自己的氢弹,于敏和同事们知难而进,废寝忘食,昼夜奋战。然而,好长一段时间内,始终找不到氢弹原理的突破口。人生的风雨路上,成功的机遇只会垂青有目标、有信心和脚踏实地的人,挫折和磨难对于缺乏信念的人是拦路虎,对于有信心之士则是天降大任的前奏曲,是驶向成功彼岸的一排浪,是阴雨连绵的一阵风,是登临山巅的一道坎,攀上去,无限风光在险峰,风雨过后是阳光。

转折点发生在 1965 年 9 月,一场创造历史的"百日会战",最终打破僵局。100 多个日日夜夜,于敏先是埋头于堆积如山的计算机纸带，然后做密集的报告，和同事们一道发现了氢弹自持热核燃烧的关键，找到了突破氢弹的技术路径，形成了从原理、材料到构型完整的氢弹物理设计方案。

承载国家使命，身肩千斤重担。一次核试验前的讨论会上，压力和紧张笼罩在科研人员的心头。突然，只听到"鞠躬尽瘁，死而后已"……于敏大声背诵起《出师表》。那一刻，在场的人无不泪流满面。

20世纪80年代以来，于敏率领团队又在二代核武器研制中突破关键技术，使中国核武器技术发展迈上一个新台阶。在核试验道路上，美国进行了1000余次，而我国只有45次，不及美国的1/25。于敏和邓稼先、胡仁宇、胡思得等科学家，多次商议起草报告，分析我国相关实验的发展状况以及与国外的差距，提出争取时机、加快步伐的战略建议。

原子弹、氢弹、中子弹、核武器小型化……这是于敏和同事们用热血铸就的一座座振奋民族精神的历史丰碑！面对荣誉纷至沓来，他一如既往地低调。一滴水，只有放进大海才永远不会干涸。愿将一生献宏谋！——于敏用实际行动兑现了自己的誓言。

祖国和人民不会忘记

自第一颗人造地球卫星首战告捷起，到绕月探测工程的圆满成功，您几十年来为中国航天的发展作出了突出贡献，共和国不会忘记，人民不会忘记。

孙家栋 80 寿辰时，钱学森寄来贺信，"我为您取得的成就感到骄傲。" 1967 年，他被钱学森点将，担任我国第一颗人造卫星"东方红一号"的技术负责人。从此，孙家栋与中国卫星结下不解之缘。

航天是一项非常复杂的系统工程，每项工程由卫星、火箭、发射场、测控通信、应用等数个系统构成，每个系统都有自己的总设计师或总指挥。孙家栋则被人们尊称为"大总师"。

有人曾问他："航天精神里哪一条最重要？"孙家栋脱口而出：热爱。正是凭着这股热爱劲，他从来没有被困难吓倒，反而愈挫愈勇。20 世纪 70 年代，孙家栋带领团队研制我国第一颗返回式遥感卫星，发射时出现意外。震惊过后，他带着大伙儿在天寒地冻中，把大片的沙漠翻了一尺多深，拿筛子把炸碎的火箭卫星残骸筛出来，最终找到失败的原因。一年之后，一颗新的卫星腾空而起。

昔有指南之针，今有北斗导航。北斗星，自古为中华民族定方向、辨四季、定时辰。我国全球卫星导航系统以"北斗"命名，恰如其分。从 2000 年 10 月第一颗北斗一号试验卫星成功发射，到 2020 年 6 月 23 日北斗三号最后一颗全球组网卫星完成部署，20 年来，44 次发射，中国先后将 4 颗北斗试验卫星，55 颗北斗二号、三号组网卫星送入太空，完成全球组网，成为世界上第三个独立拥有全球卫星导航系统的国家。

2020 年 7 月 31 日上午，北斗三号全球卫星导航系统建成暨开通仪式在北京人民大会堂举行。91 岁的孙家栋坐着轮椅来了，他不仅是"两弹一星"元勋、"东方红一号"卫星总体设计工作负责人，而且带领团队完成了北斗一号、二号建设任务，以及北斗三号立项和论证。

一切向前走，都不能忘记走过的路。建设北斗卫星导航系统时，有两条路摆在面前。一条是：一步建成全球乃至世界主流，但不符合中国实际；另一条是：分步优先建成区域系统，但世界尚未有先例。中国的导航系统如何建设？孙家栋提出："先试验、后区域、再全球"的"三步走"发展战略。第一步，2000年建成北斗卫星导航试验系统，使中国成为世界上第三个拥有自主卫星导航系统的国家；第二步，建设北斗卫星导航系统，2012年左右形成覆盖亚太大部分地区的服务能力；第三步，2020年左右，北斗卫星导航系统形成全球覆盖能力。

中国为什么要这么建设？孙家栋解释说："首先，卫星的数量可以少，我们集中精力为我们国家本土加上周边来服务，这是我们经济建设最需要的事情。步子相对迈得小一点，可以摸索更好的经验来推动我们这个事业的发展。"这样一步一个脚印、向前走的求真务实，在同事们眼中正是搞科学应有的精神。

据统计，在我国自主研制发射的100多个航天飞行器中，由孙家栋担任技术负责人、总设计师或总工程师的就有30多颗，占整个中国航天飞行器的三分之一。当国家启动嫦娥一号探月工程时，已 75 岁的孙家栋，毅然接下首任探月工程总设计师的重担。而对于别人的不理解，他只说了一句话："国家需要，我就去做。"

科学家往往把简单问题复杂化，而工程师就是要把复杂问题简单化。"嫦娥"在什么情况下发射，孙家栋认为，安全就发射，不安全就不能发射，其他因素都不必考虑。在嫦娥一号顺利完成环绕月球的那一刻，这位老航天人也禁不住热泪盈眶。

中医药给世界一份礼物

在报告之前，我首先要感谢诺贝尔奖评委会，诺贝尔奖基金会授予我 2015 年生理学或医学奖。这不仅是授予我个人的荣誉，也是对全体中国科学家团队的嘉奖和鼓励……

——屠呦呦

"呦呦鹿鸣，食野之蒿"，宋代朱熹注称"蒿即青蒿也"。屠呦呦名字是父亲起的，当时并没人预料到，《诗经》中的那株野草会改变这个女孩的一生。

屠呦呦发现青蒿素，为人类带来一种全新的抗疟药，用一株小草改变了世界。据世界卫生组织不完全统计，青蒿素在全球已挽救数百万人的生命，每年治疗患者数亿人。屠呦呦获得诺贝尔生理学或医学奖，是中国医学界迄今获得的最高奖，也是中医药成果获得的最高奖。

疟疾是一种由疟原虫侵入人体后，引发的恶性疾病，我国自 1964 年始于抗疟药研究。1967 年 5 月 23 日，召开疟疾防治药物研究工作协作会议后，代号为"523"项目的大规模药物筛选、研究，在全国 7 省市展开。1969 年，屠呦呦参与"523"项目研究任务后，再也没有同中药抗疟分开。

没有传承，创新就失去根基；没有创新，传承就失去价值。阅读中医典籍、查阅群众献方、请教老中医专家，屠呦呦用 3 个月时间，收集 2000 多个方药，编成《疟疾单秘验方集》。时间来到 1971 年，她与同事们对包括青蒿在内的 100 多种中药水煎煮提物，和 200 余个乙醇提物样品进行实验，但结果总令人沮丧：对疟原虫抑制率最高的只有 40%左右。

马克思说过：任何时候，我也不会满足，越是多读书，就越是深刻地感到不满足，越感到自己知识贫乏。科学是奥妙无穷的。书本是知识的宝库，是人类获得智慧的重要来源。中医需要与现代医学相互借鉴、共同发展，屠呦呦重新埋下头去，看医书！一天，东晋葛洪的《肘后备急方》"青蒿一握，以水二升渍，绞取汁，尽服之"给她灵感：温度是关键！

古老的岐黄术，历久弥新。屠呦呦重新设计提取方案，夜以继日地实验，终于发现：青蒿乙醚提取物，去掉其酸性部分，剩下的中性部分抗疟效果最好！

沉下心来，不言放弃，慢慢地做科研，才有希望达到光辉的顶峰。乙醚虽是有害化学品，但为了不错过当年的临床观察季节，屠呦呦提交志愿试药报告："我是组长，我有责任第一个试药！"1973 年，屠呦呦课题组首次发现疗效更好的青蒿素衍生物——双氢青蒿素。1977 年，该课题组发表论文，首次向全球报告青蒿素这一重大原创成果。1992 年，双氢青蒿素片获《新药证书》，并转让投产。青蒿素类药物作为首选抗疟药物，2000 年开始在全球推广，2014 年使用者达 3.37 亿人份。

"未来我们要把青蒿素研发做透，把论文变成药，让药治得了病，让青蒿素更好地造福人类。"面对青蒿素抗药性现象，屠呦呦团队提出延长用药时间，疟疾患者还是能够被治愈，更换联用疗法中的辅助药物，就会取得更好的效果。

揭开月球背面神秘面纱

2019 年 1 月 3 日，我国自主设计的嫦娥四号探测器，稳稳地降落在冯·卡门撞击坑，中国代表全人类首次揭开了古老月球背面的神秘面纱。一位美国国家航空航天局专家赞赏道："从今以后，我们不能再说中国只会跟着美国干了，这件事我们之前也没干过。"

"我们需要做一些'冒险的事情'，真正去开拓、去创新，开辟新的天地。"叶培建敢于吃螃蟹，在航天系统是出了名的。老跟着外国人后面干有什么意思？在他看来，对于那些应用型卫星，如通信、气象卫星，一定要集中精力保成功。正因为如此，长期以来一直是 70% 的技术继承现有的，30% 是新技术。

而对于探索型卫星，必须有更多创新。

中国探月工程立项之初，便定下一条规矩，每一个嫦娥探测器型号，都会同时生产两颗卫星：单数编号的为主星，双数编号的为备份星。如此一来，即便主星发射失败，备份星也能在摸清并解决故障问题后，迅速实施发射。

2004年，我国探月工程一期立项，叶培建担任嫦娥一号卫星的总指挥兼总设计师。嫦娥一号发射成功后，如何处置备份星嫦娥二号成为一大难题。当时，主要有两种意见：一种意见认为嫦娥一号已取得成功，没必要再花费重金去发射一颗备份星；另一种意见则以孙家栋、叶培建等人为主，力主发射。后来，嫦娥二号成功发射升空，获得分辨率优于10米的月球表面三维影像、月球物质成分分布图等资料，并最终飞至1亿公里以外，对中国的深空探测能力进行了验证。

思想有多远，才能走多远。有了嫦娥二号"珠玉在前"，当2013年嫦娥三号探测器完成落月任务后，人们对发射嫦娥四号没有什么异议；但在任务内容和规划上，仍存在一定的分歧。当时，很多人认为见好就收，嫦娥四号落在月球正面更为可靠。叶培建则极力主张，要大胆地落到月球背面去。中国的"奔月之梦"，正是在叶培建和同事们的不懈努力下，完成了举世瞩目的圆梦之旅，书写出人类探月史上崭新的一页。

伟大事业都始于梦想、基于创新、成于实干。一些人曾质疑，为何花这么大的代价和精力，去探索月球以及更深远的宇宙？叶培建认为"人类在地球、太阳系都是很渺小的，不走出去，我们注定难以为继"，并强调"宇宙就像是海洋，我们现在不去探索，将来再想去可能就晚了"。

被授予"人民科学家"国家荣誉称号后，叶培建对于人民有着三层理解：第一，称号是人民授予的，是人民的科学家，要感谢人民。第二，自己是人民的一分子，哪怕得了荣誉称号，还是一个普普通通的人。第三，要继续为人民服务，为中国建成航天强国多作贡献。

"中国心"铸就"中国星"

    2016 年 9 月 25 日，"中国天眼"落成启用的当天，他见证"天眼"的"开眼"，指导"天眼"的调试；2017 年 9 月 15 日，他建起一台世界最大最强的射电望远镜后，永远地闭上了双眼。2018 年 10 月 15 日，中国科学院国家天文台宣布，将一颗国际永久编号的小行星，正式命名为"南仁东星"。从此，浩瀚天空多了一颗用"中国心"铸就的"中国星"。

    南仁东从事的天文学事业，属于"射电天文"。什么是射电天文？由此追寻，天文学可分为三大时代：用眼观天的第一时代，用光学望远镜观天的第二时代，用射电望远镜观天的第三时代。

"往古来今谓之宙，四方上下谓之宇。"几千年前，中国人通过观天象，提出了宇宙既是空间概念也是时间概念；并把对宇宙各个层次的理解，如天干地支、阴阳五行等布置在罗盘各层的同心圆里。汉语"星罗棋布"，正是对罗盘的一个颇为形象的比喻。罗盘上有一个磁针，这一磁针何时传入欧洲？恩格斯在《自然辩证法》中说：磁针被阿拉伯人从中国传到欧洲人手里，时间约在 1180 年。

由于有罗盘，远航不会迷失方向。早在意大利人克里斯托弗·哥伦布出生之前，明代郑和率领巨大船队出使西洋，他是真正的大航海时代的先驱。英国科学技术史专家李约瑟曾评价说，东方的中国人航海全副武装，却从容温和，慷慨大方，从不威胁他人的生存，不征服异族，也不建立要塞。可以说，直到欧洲文艺复兴前，基于先进的天文学成就，中国具有世界上特别发达的农业和航海技术。但在天文第二时代，波兰天文学家尼古拉·哥白尼、意大利天文学家伽利略·伽利雷用光学望远镜观天，伴随而来的科技进步竟推举出一个工业时代。当今属于天文第三时代，世界各国的射电天文是怎样的状况？英国的射电望远镜最早发现了脉冲星，有人因此获得诺贝尔奖。德国有 100 米口径的可转动射电望远镜。美国 350 米口径的射电望远镜，被评为人类 20 世纪十大工程之首，其重要性被认为超过阿波罗登月。这是为什么？因为它对整个自然科学的影响是其他一些发明不能相比的。

1993 年，科学家在国际无线电科学联盟大会上提出，建造新一代射电望远镜。南仁东兴奋不已："如果能抓住这个时机，中国的天文学研究就有可能领先国际几十年。"然而，对于 20 世纪 90 年代初的中国，这个 500 米口径球面射电望远镜的建造计划，大胆得近乎疯狂，无论地质条件、技术条件，还是工程成本，都难以达到。

清代纪昀在《阅微草堂笔记》中有言："明知山有虎，偏向虎山行。"困难越多，难度越大，南仁东越是选择攻坚克难，越是坚持勇往直前。建设"中国天眼"，不仅涉及天文学、力学等几十个专业领域，而且对于台址的选取有着严格要求。"我不是一个战略大师，我是一个战术型的老工人。"为选到合适的台址，从 1994 年到 2005 年，南仁东每天翻山越岭，走遍了贵州上百个窝凼。

选址和论证环节，已耗费数年时间和精力，接下来立项必须成功；否则，就意味着先前的工作都是白费。申请立项那些日子，南仁东像变了一个人，自掏路费南来北往，到处"化缘"。2007 年,"中国天眼"被国家批准立项。

失败乃成功之母。2010 年工程开工前夕,得知前期所做的索网实验均已失败后,南仁东坚定地说:"我们没有退路,必须再做!"人生历程,大抵逆境居多,所谓"人生不如意十之八九",而顺逆之境又常相间而出。小逆之后会有小顺,大逆之后说不定有大顺。这也许是事物发展的规律。可有的人一遇小灾小难,小遇逆境,就一蹶不振,怨天尤人,英雄气短;而对于智者来说,即便身处逆境甚至绝境,也能静观其变,清醒待之。经过近百次失败,终于研制出:强度为 500 兆帕、抗 200 万次拉伸的钢索,把材料工艺提高到国标的 2.5 倍。

"中国天眼"是中国的,也是世界的。在建设阶段,德国朋友帮助完成工程仿真,澳大利亚朋友帮助完成 19 波束接收机……南仁东心中的目标,就是为下一代科学家,建一台好用的望远镜。

第七章　巾帼英雄

没有妇女解放和进步，就没有人类解放和进步。发展离不开妇女，中国妇女把男女平等写在拼搏的旗帜上，把同工同酬写入中华人民共和国的宪法里。坚持男女平等基本国策，需要引导"半边天"爱小家也爱国家，自尊自信自立自强，以行动建功新时代，以奋斗创造美好生活。

中华儿女多奇志　不爱红装爱武装

　　"不要学林黛玉，要学花木兰、穆桂英"，从走出闺房，到脱下红装穿上武装，有力证实了"妇女能顶半边天"。"共产党员为人民服务是无限的，所作的工作和职务也都是党和人民决定的"，邓颖超 1982 年写下两份遗嘱。她以自己"从未以我的关系提出任何要求和照顾"远房侄子为例，在遗嘱中提及要正确对待自己和周恩来的后辈及亲属；并表示"这是周恩来同志生前一贯执行的"，也是她"坚决支持的"。每一位妇女均有人生出彩和梦想成真的机会，积极参加社会和经济活动，不仅可以有效提高自身地位，而且能够极大提升社会生产力和经济活力。

把群众武装交给党

在贺龙纪念馆前坪，矗立着一座贺龙雕像，当地人为其取名"回家"。1928 年春，贺英得知贺龙、周逸群等人回家乡开展武装斗争，开辟革命根据地，就将自己近千人的群众武装交给了中国共产党。从此，她加入工农革命军行列，参加桑植起义，为建立湘鄂西革命根据地作出了重要贡献。

重情重义、有勇有谋、敢打敢拼，贺英被称之为"樊梨花再世""穆桂英托生"。1906 年，她和丈夫谷绩庭组建起一支反抗反动恶势力的地方武装。1922 年，谷绩庭被杀害后，贺英接过丈夫手中的枪，率领地方群众武装抗官府、杀豪绅、打土匪、救穷人。1927 年大革命失败后，贺英来到武汉，接触了周逸群等共产党人。1928 年开始，她采取以少胜多的战术：有时骑着大白马，身挎双枪，公开和一些地方武装头目谈判；有时提个篮子，化装成卖针线的小贩串乡走寨，悄悄走进大户人家小姐的房里，会见某地的团防老爷；有时化装成割猪草的农妇钻进深山，深入绿林好汉的窝子，规劝他们投奔贺龙的部队。

贺龙在外闹革命，贺英在内守根据地。1928 年 7 月，贺龙率领工农革命军前往石门等地打游击。主力部队一走，地方还乡团、土豪劣绅纷纷反攻倒算，疯狂屠杀共产党员和工农革命军家属。贺英率部活动在桑植、鹤峰一线坚持游击战，配合主力部队转战湘西。同年 10 月，工农革命军在石门受挫，贺龙率部退到桑鹤边界休整，处境十分艰难。贺英虽几次负伤，但仍带领游击队打土豪、筹粮款，把缴获的银元、棉花等物资运往深山老林。她还向贺龙建议，"队伍要伍，不伍不行"。为此，有了著名的堰垭整编。

虽然不是共产党员，但她带领的是共产党的游击队，保卫着红色政权。贺英多次提出加入中国共产党，周逸群解释道：你目前不入党比入党作用大，这里情况复杂，团防民团首领，有的反共，有的是中间派，有的支持我们。大姐在这里关系多、影响大，可多做团结他们的工作，减少我们的阻力。太红了，人家看你是共产党，就不敢接近。1929 年，红军在庄耳坪战斗失利，她率游击队去战地做善后工作。1930 年，贺龙率红军主力东下洪湖，她留在湘鄂边根据地，配合红军主力坚持游击战。1932 年，国民党军和地方武装包围根据地，她率部苦苦坚持。1933 年 5 月 5 日，贺英在战斗中壮烈牺牲。

"她为革命贡献了一切，保护了一批子弟，不少娃娃经过长征、抗日战争、解放战争，都作出了各自的贡献。"只解沙场为国死，何须马革裹尸还。1935 年 11 月 19 日，贺龙率部告别父老乡亲，再也没有回到桑植。可每次忆起贺英，他总会说："我大姐保留了一批革命力量，功劳是不可抹掉的啊！"

唯一的女创始人

　　在延安，毛泽东与美国作家埃德加·斯诺追溯党的创建历史时指出，向警予是"唯一的一个女创始人"。1939 年，在纪念三八妇女节大会上，毛泽东又强调：要学习大革命时代牺牲了的模范妇女领袖、女共产党员向警予。她为妇女解放、为劳动大众解放、为共产主义事业奋斗了一生。

　　1914 年，向俊贤改名向警予，以表达对封建势力的高度警惕和反抗。1916 年，向警予创办男女兼收的溆浦女校，现为警予学校。学校以"自治心，公共心"为校训，倡导"人生价值的大小是以人们对社会贡献的大小而定"的价值观，反对"驰骤之若牛马"的奴性教育。

　　向警予 1919 年秋参加毛泽东、蔡和森等创办的新民学会，10 月和蔡畅等组织湖南女子留法勤工俭学会，12 月与蔡和森一起赴法勤工俭学。她学习马克思主义经典著作，参加工人运动实践，支持蔡和森的建党主张，参与建党工作。1920 年，向警予和蔡和森在法国举行婚礼，两人结婚照是并肩坐着阅读《资本论》，并把互写的诗作印制成一本《向蔡同盟》，以表达对马克思主义的坚定信仰。

　　周恩来曾指出，她是党的第一个女中央委员，中央第一任妇女部长。向警予 1922 年回国后，正式办理入党手续，开始领导中国妇女运动。1923 年，她在《告丝厂劳苦女同胞》一文中写道，"只有团结奋斗是唯一的武器"，只要有了团体就能"万众一心，步伐不乱"，最终"达到最后的胜利"。 向警予 1924 年组织上海闸北丝厂和南洋烟厂大罢工，1925 年领导上海妇女界参加五卅运动。

　　钢铁不淬火难以成真钢，红梅不傲立风雪难以成品性。"武汉三镇是我党重要的据点，许多重要负责同志牺牲了，我一离开，就是说我党在武汉失败了，这是对敌人的示弱，我决不能离开！"1927 年大革命失败后，从莫斯科东方劳动者共产主义大学学习回国的向警予，主动要求留在武汉坚持地下斗争。她担任《大江报》主笔，带头撰写文章激励革命群众进行斗争。

鲁迅说过，"我们自古以来，就有埋头苦干的人，有拼命硬干的人，有为民请命的人，有舍身求法的人"。向警予就是一位"为民请命"之人。1928年3月20日不幸被捕，面对敌人逼供，她坚定地说："革命者不会在你们的屠刀下求生。等着吧，你们的末日，就在明天！"这年"五一"国际劳动节那天，向警予走向刑场。她一路高呼革命口号，宪兵慌忙往她的嘴里塞石头，最后残忍将其杀害。蔡和森闻讯后，写下《向警予同志传》："伟大的警予，英勇的警予，你没有死，你永远没有死！"

斯人已逝，风范长存。今天，警予学校的师生每周升旗仪式后，都会面向五星红旗，高歌向警予创作的校歌——"愿我同学做好准备，为我女界啊，大放光明！"

称"杨花"也很贴切

"我失骄杨君失柳,杨柳轻飏直上重霄九。"其中的"骄杨",是指杨开慧。20世纪60年代初,毛泽东应子女请求,重书《蝶恋花·答李淑一》以作纪念。当他提笔把"我失骄杨"写成"我失杨花"时,大家以为是笔误,可毛泽东缓缓地说:称"杨花"也很贴切。

"自从听到他许多事,看了他许多文章、日记,我就爱了他。"当鲁迅用阿Q为时代写真之际,进步知识分子家庭出身的杨开慧,就勇敢地与一位最清醒、最睿智的农民的儿子,一个革命的先驱者同步,结成"人间知己"。毛泽东因从事建党活动而经费奇缺,杨开慧把父亲杨昌济去世时亲友送的奠仪费捐作建党活动经费。1921年中国共产党诞生后，她就成了最早的党员之一。杨开慧长期从事党的机要和交通联络工作，毛泽东著名的《湖南农民运动考察报告》，也凝结了她的心血！

杨开慧追随毛泽东在长沙、上海、广州、武汉等地奔波，在那魑魅横行、浓云低垂的湘江、黄浦江、珠江、长江边，永远留下了两人并肩前行的足迹。1927年大革命失败后，她带着孩子回到板仓，从此再未能"重比翼，和云翥"！"念兹远行人，平波突起伏"，杨开慧在《偶感》一诗中牵挂的是，毛泽东"足疾是否痊，寒衣是否备？孤眠谁爱护，是否亦苦？"1983年发现的杨开慧牺牲前密藏在墙壁里手稿，更是催人泪下："我有一个新意识，我觉得我为母亲所生之外，就是为了他。假设有一天母亲不在了，他被人捉住了，我要去跟着他同享一个命运。"

伟大的人格无法在平庸中养成，卓越的成就无法在舒适中取得。乡亲们称杨开慧为霞姑娘，把她比作红霞。在"天阴起朔风，浓寒入肌骨"的日子，杨开慧依然参与组织和领导长沙、平江、湘阴边界的地下武装斗争，努力发展党的组织。1930年被捕后，面对国民党长沙警备司令部"铲共队"的严刑拷打，她大义凛然地说："你们要打就打，要杀就杀，要想从我的口

里得到你们满意的东西，妄想！""砍头只像风吹过！死，只能
吓胆小鬼，吓不住共产党人！"

"死不足惜，但愿润之革命早日成功！"敌人对杨开慧进行
利诱："只要你声明与毛泽东离婚，就可以获得自由。"她响亮
地回答："要我与毛泽东脱离关系，除非海枯石烂！"杨开慧用
鲜血书写了一首远胜于《上邪》的诗章，高歌出一首忠贞不渝
的爱情绝唱！直至生命最后时刻，她留下的遗言仍是："我死
后，希望家里人不要作俗人之举。"

因"失"之痛，毛泽东写下"开慧之死，百身莫赎"的沉
重句子，留下"女子革命而丧其元（头），焉得不骄"的动人
赞语，谱下《蝶恋花·答李淑一》这首千古绝唱。在中国乃至
全世界，又有谁不知道"骄杨"就是杨开慧！

共产党人的"示儿书"

　　"死去元知万事空，但悲不见九州同。王师北定中原日，家祭无忘告乃翁。"1210 年，南宋爱国诗人陆游临终时，写下一首《示儿》诗。726 年后，共产党人赵一曼就义前，留下一封"示儿书"。

宁儿：

　　母亲对于你没有能尽到教育的责任，实在是遗憾的事情。母亲因为坚决地做了反满抗日的斗争，今天已经到了牺牲的前夕了。母亲和你在生前是永远没有再见的机会了。希望你，宁儿啊！赶快成人来安慰你地下的母亲！我最亲爱的孩子啊！母亲不用千言万语来教育你，就用实行来教育你。

在你长大成人之后，希望你不要忘记你的母亲是为国而牺牲的！

一九三六年八月二日

你的母亲赵一曼于车中

这份记录在日军审讯档案里的家书，时隔 21 年后，才传到宁儿——陈掖贤那里。

赵一曼原名李坤泰，是一个地道的川妹子。1926 年加入中国共产党，同年 11 月入武汉中央军事政治学校学习。1927 年 9 月，前往莫斯科中山大学学习，与黄埔军校出身的湖南人陈达邦相识并结婚。1928 年回国后，在宜昌、上海等地秘密开展党的工作。1932 年，李坤泰将不满 3 岁的宁儿送到汉口，交给丈夫的堂哥陈岳云抚养，并留下一张母子合影，从此杳无音信。不久后，在东北抗日战场上，一位名叫赵一曼的女英雄，成为传奇般人物。她带领群众罢工，建立游击队，多次给日军以沉重打击，以"红枪白马女政委"声名远扬。

1935 年秋，赵一曼任东北抗日联军第三军第 2 团政治委员；11 月间，第 2 团被日伪军围困于一座山间。赵一曼协助团长指挥作战，与敌激战竟日，连续打退敌军 6 次进攻。团长让赵一曼带领部队突围，她果断地说："你是团长，有责任将部队带出去，我来掩护！"赵一曼为掩护部队突围，身负重伤。后在珠河县春秋岭附近一农民家中养伤被日军发现，战斗中再度负伤，昏迷被俘。日军对她施以酷刑，逼其招供。赵一曼宁死不屈，严词痛斥日军侵略罪行，并在狱中写下："誓志为人不为家，跨江渡海走天涯。男儿若是全都好，女子缘何分外差？未惜头颅新故国，甘将热血沃中华。白山黑水除敌寇，笑看旌旗红似花。"

1936 年 8 月 2 日，赵一曼被押上去珠河的火车。在这最后时刻，她给心爱的儿子写下遗书："母亲不用千言万语来教育你，就用实行来教育你。在你长大成人之后，希望你不要忘记你的母亲是为国而牺牲的！"临刑前，她高唱《红旗歌》，"民众的旗，血红的旗，收殓着战士的尸体，尸体还没有僵硬，鲜血已染红了旗帜……"

1957 年，原东北抗联组织部工作人员到赵一曼的家乡进行烈士身份核实时，陈掖贤才知道母亲的身份。赵一曼的孙女回忆说，父亲专程前往东北烈士纪念馆，抄下被翻译成中文的遗书后，用钢笔在手上刺了"赵一曼"三个字，直到父亲去世，那三个字仍留在他手上。

"童心母爱"六十八载

她说："作为一名教师，不仅要掌握知识，更要有童心、有母爱。与孩子打成一片，这叫有童心。把学生当作自己的孩子一样看待，这就是对学生的母爱。"

臧克家作诗赞美她："一个和孩子常年在一起的人，她的心灵永远活泼像清泉。一个热情培育小苗的人，她会欣赏它生长的风烟。一个忘我劳动的人，她的形象在别人的记忆中活鲜。一个用心温暖别人的人，她自己的心也必然会感到温暖。"

她就是"童心母爱"68载，为我国小学教学和小学语文教材建设作出了重要贡献的斯霞。

"家有二斗粮，莫当孩儿王"，新中国成立前，小学教师的地位很低。在斯霞一生中，好几次可以找到更好的工作，她都放弃了；好几次遇到失业的威胁，她依然向往小学教师这一行。"我做惯了教师，不会当领导，也当不好领导。"1978年，斯霞被任命为南京市教育局副局长，她明确表示，"我不当副局长，也不要给我安排办公室、办公桌，我还在附小上班、上课。"

1958年，斯霞接受小学五年制试验班任务，用5年的教学时间，赶上六年制教学效果。她认为，既要缩短一年学制，又不能增加教学时间，只有在教材和课堂教学上改革。斯霞把新中国成立后使用的小学教材全部找出来，根据儿童的认知规律进行改编，删掉重复部分，适当增加一些新内容。她从不采用延长学习时间的办法，而是努力提高教学效果，力求将课讲得生动活泼。

斯霞总结和倡导的"字不离词、词不离句、句不离文"的识字教学原则，是对汉字教学的重要贡献。那时，小学教育界识字教学分两种流派，有"南斯北霍"之称："南斯"即南京的斯霞，"北霍"即北京的霍懋征。斯霞教导的学生，在两年内就识字2000多个，读课文174篇，这在当时国内小学教育界可是首屈一指。

　　成功不在于一朝一夕，一时一事，而在于一步一个脚印，坚持做慢工，经久成大业，用汗水和艰辛在坚实的大地上开掘出不竭的幸福源泉。"斯老师就像一个陀螺，从早到晚飞快不停地旋转。"为节约时间，斯霞愣是把家从离学校并不远的成贤里，搬进小学教学楼三楼阁楼上。一间 8 平方米的教师宿舍，带着孩子们一住就是 30 多年。

　　成功无学，幸福有道。斯霞把学生当成自己的孩子，宿舍的床铺留给学生休息，家人的衣服借给学生穿。她是一个没有私心的人，她的 5 个孩子都是从 11 岁左右就开始住校读书，并依靠自己的勤奋考入名牌大学。斯霞一家三代，有 11 人从事教学工作，1991 年被授予"全国优秀教育世家"称号。

　　2004 年，94 岁的斯霞永远离开了她的"孩子们"。墓碑上镌刻着她最常说的一句话——"我为一辈子做小学教师感到自豪。"她的子女们决定，墓碑下方不写落款："妈妈不仅属于我们子女，她还属于所有的孩子们。"

干文艺不是为谋生

秦怡爱美，美了一辈子。可有人问："您照镜子时觉得自己美吗？"她回答："赵静啊，我觉得她很美。"这未必听岔，倒是大智若愚。过了 90 岁生日，秦怡又多了个名字，叫"90后"美女。

1938 年，秦怡从家里跑出来参加抗战，可到码头的那一刻，船体正在离岸，她紧跑几步，纵身一跃。这一瞬间，就像电影里的定格镜头：把一个弄堂女孩的生活抛在身后，开启一段漫长而斑斓的艺术人生。在抗战大后方的舞台上，秦怡成了与白杨、舒绣文、张瑞芳齐名的"四大名旦"。

"我稀里糊涂就演了很多角色"，靠的是笨办法——学习和努力。秦怡参演过《忠义之家》等电影,《遥远的爱》是其成名作。新中国成立后,她在《女篮5号》《青春之歌》等影片中扮演重要角色。20世纪80年代,凭借《上海屋檐下》,秦怡荣获第一届大众电视金鹰奖优秀女演员奖。

2015年上映的《青海湖畔》,被誉为秦怡艺术生涯又一大亮点。2013年,秦怡着手撰写《青海湖畔》;2014年,她以93岁的高龄来到海拔3800米的拍摄地。由于拍摄地距离下榻处往返6小时车程,秦怡只好跟着大部队清晨5点出发,夜里9点多才回来休息。高原的日子一过就是一个月,中青年演员纷纷有高原反应,倒是秦怡不吐不晕。她打趣地说:"青海的气候对我们老年人很是客气呀!"俗话讲,"旁观者清,当局者迷"。许多人说:正是秦怡对梦想的那份执着,让生命爆发出神奇的力量!

电影到底意味着什么?有人曾问秦怡。她用往事作答:"我到今天还记得周总理点醒我的那些话。"众人皆知,秦怡是周恩来口中新中国最美的女演员。可秦怡看到的是另一面:"可以说,周总理才是领我懂得演戏真谛的人。"有一次去朋友家,一位客人问她在工作还是学习,秦怡答道:"我在做实习演员,有时候在合唱团唱唱歌,没什么大意思,就是混混。"

那人问唱什么歌,她说:"当然是抗战歌曲。"

"没想到,我一说抗战歌曲,对方马上提高了声音,'那还混混啊,你想想,多少人、千千万万的人都在你们的歌声鼓舞下走上前线,这工作多重要啊!'我听了觉得有道理。回家后细想,是什么人能说出这样的话来?我跑去问朋友,才知道原来是周恩来同志。"真可谓"一语点醒梦中人",从此秦怡心里种下一粒坚定的种子——干文艺不是为谋生,而是为理想。"作为演员,终身追求的理想,应该是把自己从文艺中得到的一切感人的精神力量,再通过自己的表演给予别人。"

第27届中国电影金鸡奖授予秦怡"终身成就奖",她在领奖台上说:"不管是88岁,还是98岁,我都要跟着所有的同行们一起继续前进。"98岁的秦怡尚未停下脚步,正跟着中国电影往前走。

怕死不当共产党

　　"怕死不当共产党"，是一名党员面对敌人铡刀的视死如归。1947 年 3 月，毛泽东带领中央机关转战陕北途中，任弼时向他汇报刘胡兰英勇就义的事迹。毛泽东问：她是党员吗？任弼时说：是个优秀的共产党员，才 15 岁。毛泽东亲笔写下：生的伟大，死的光荣。

　　山西文水县因文峪河而得名，因刘胡兰而闻名。这个县是抗日游击区，八路军常上云周西村来。刘胡兰从八路军那里，听到许多革命道理和故事，积极参加抗日儿童团，和小伙伴一起为八路军站岗、放哨、送情报。一次，八路军包围敌军一个团，县妇女部长奉命组织民兵担架队支援前线。刘胡兰和几名妇女也要求支前，部队首长劝她们："前面正在打仗，很危险。"刘胡兰果敢地回答："战士们都不怕，我们是女民兵，也不怕。"

马克思说过：一个时代的精神是青年代表的精神，一个时代的性格是青春代表的性格。可以说一个时代的青年表现出来的勇敢，就是这个时代的底色和底气。1945 年 11 月，刘胡兰参加县党组织举办的妇女训练班。40 多天的学习，让她懂得一个人怎样才能活得有价值、死得有意义，思想觉悟有了明显提高。回村后，刘胡兰担任村妇救会秘书，与党员一起发动群众，斗地主、送公粮、做军鞋，动员青年报名参军。1946 年 2月，她参加东庄战斗的支前工作，得到进一步锻炼成长，6 月被批准为中共候补党员。这一年，刘胡兰才 14 岁。

1946 年 10 月，国民党军进犯文水县城。刘胡兰以年纪小、熟悉环境为由，主动要求留下来，党组织同意了她的请求。刘胡兰和留下的同志向各村党组织传达党的指示，组织群众掩埋粮食，配合武工队镇压反动村长。1947 年 1 月 12 日，国民党军和地主武装"复仇自卫队"包围云周西村，将群众赶到场地上，刘胡兰因叛徒出卖被捕。敌人问她："你给八路做过什么工作？"刘胡兰大声说："我什么都做过！""你为啥要参加共产党?""因为共产党为穷人办事。""你'自白'吧,你'自白'了,就放了你,也给你一份土地。"刘胡兰坚定地说:"你给我个'金人',也不'自白'!"敌人恼羞成怒:"你小小年纪好嘴硬啊!你就不怕死?"刘胡兰斩钉截铁地回答:"怕死不当共产党!"残忍的敌人当着她的面,将6位革命群众用铡刀杀害,但刘胡兰毫无惧色,从容地走向铡刀。

先烈回眸应笑慰,擎旗自有后来人。1947年2月6日,《晋绥日报》刊登了刘胡兰英勇就义的详细报道,号召全体共产党员和解放区军民向她学习。同日,延安《解放日报》也为之刊文。生命的价值不会因长短而决定,刘胡兰以短暂的年华谱写出永生的诗篇,以不朽的精神矗立起生命的宣言。

撑起一片白衣天使爱的蓝天

"救治病人是我的天职" / 你战斗在阻击非典的第一线 / 撑起一片白衣天使爱的蓝天 / "这里危险，让我来" / 你以共和国卫士的名义 / 无所畏惧，冲锋在前……

2003 年春天，不明病因的非典型肺炎在广东广州地区暴发。在与死神较量中，叶欣坚守一线抢救病人，早已将个人生死置之度外。

叶欣出生于医生世家，1974 年考入广东省中医院"卫训队"，1976 年留院工作，1984 年被提升为急诊科护士长。在分秒必争的急诊科，她一干就是 19 年。自从参加工作到牺牲前，叶欣总是冲锋在前，有着"三突出"：腰椎突出、颈椎突出、成绩突出。她不止一次把危险留给自己，无论是现场急救跳楼的垂危人员，还是带头护理艾滋病吸毒者，抑或是冒死抢救非典病人，叶欣从未瞻前顾后，自虑吉凶。

金杯银杯不如同事们的口碑，叶欣对年轻护士的关爱有口皆碑。每当有伤寒、霍乱、登革热、艾滋病等传染性患者前来就诊，她总是抢在年轻护士前进行护理和救治。叶欣还让年轻护士在自己的手背和手指上试针，并将穿刺绝活倾囊相授。她爱开玩笑似的说："在我身上练到可以了，在病人身上下针就没问题了。"

人生总会遇到风吹雨打，关键看如何抉择，能否把个人命运和国家命运紧紧联系在一起，是否在祖国和人民需要的紧急关头奋勇向前。抗击非典的战斗打响后，叶欣默默地承担起最危险的工作。每当遇到危急重症非典病人时，她总与急诊科主任张忠德一起，尽量包揽病人的检查、抢救、治疗、护理等工作，把其他的护士挡在身后，有时甚至把同事们毫不留情地关在门外，不让或少让他们受到病毒感染。她像一台永不知疲倦的机器，竭尽全力与死神争分夺秒，抢回一个个病患的生命。

"这里危险，让我来吧！"叶欣挑起高风险、高强度的救护工作。即使被传染倒在病床上，她也通过呼叫仪，询问其他非典患者的护理情况。当病重至说不出话时，叶欣用笔吃力地写下："不要靠近我，会传染……"

2003 年 3 月 25 日凌晨，叶欣离开了依依不舍的战斗岗位。按照她的遗愿，丈夫张慎请医院为叶欣穿上一套护士服，送她走完人生的最后一程。叶欣走了，但仿佛从未走远。在广东省中医院有一种"患者至上、爱岗敬业、团结协作、牺牲奉献"的精神，被称为"叶欣精神"。

南丁格尔奖章是国际医学界对护士的最高荣誉和褒奖，每两年评选一次。虽然申请时已超过规定的最后期限，但叶欣的突出贡献和对抗击非典战役的激励作用，让红十字国际委员会破例接受。2003 年 5 月 12 日，红十字国际委员会授予叶欣南丁格尔奖。叶欣用生命践行了南丁格尔的名言："在可怕的疾病与死亡中，我看到人性神圣英勇的升华。"

格桑花盛开雪域边陲

扎日神山下的玉碓和玉麦啊，

是个吉祥的地方。

玉碓灵草满山，

玉麦秀水遍地。

进出玉麦千难万险，

留在玉麦草丰水美。

我希望做一只轻盈的小鹿，

在这吉祥的乐园快乐地生活。

这是玉麦乡的一首民歌。从西藏拉萨市出发，驱车约400

公里来到山南市隆子县，再从县城经斗玉乡行进200公里左右，翻越海拔4600多米的日拉山，就来到祖国西南边陲——玉麦乡。

由于特殊的地理气候条件，玉麦乡以单一的牧业为主。过去百姓生活十分艰苦，许多村民选择外迁。"那里是我们的土地，国家的领土。不去巡山，就会被别人侵占的。"在20世纪的34年里，在这个3000多平方公里的偏僻山乡，曾经只有卓嘎、央宗和她们的父亲桑杰曲巴居住，被外界称为"三人乡"。

看到别人成功，或急不可耐，或心烦意乱，或疲于奔命，或孤注一掷，如此种种，皆谓之"浮躁"。浮躁心态，是成功的大敌。有人说得好，浮躁的社会，心静者胜出。20世纪八九十年代，在媒体的报道下，来自祖国内地的信件第一次翻山越岭，来到卓嘎、央宗的面前。央宗回忆说，那一年姐姐竟然收到很多求爱信。"当时阿爸说，我们姐妹要是嫁出玉麦，那么谁来放牧守边？"正是父亲的这句话，让卓嘎、央宗两朵盛开的格桑花，扎根在雪域边陲，续写着"家是玉麦，国是中国"的守边故事。1988年，卓嘎开始担任乡长，一干就是20多年，35岁才成家；央宗在乡里做了近20年副乡长兼乡妇联主任，27 岁结婚。两位共产党员以抵边放牧、抵边巡逻的方式，默默地守护着祖国的神圣领土，谱写了爱国守边的时代赞歌。

家是最小国，国是千万家，没有国境的安宁，就没有万家的平安。20 世纪 90 年代初，国家拨专款建筑玉麦乡的基础设施，盖起乡政府办公楼、卫生院，建起水电站和卫星电视地面接收站。卓嘎、央宗一家不仅住上了新房、用上了电灯，而且看上了电视。1996 年，党和政府派来一位乡党委书记和一位副乡长，而且两人都是拖家带口来的，全乡人口从 3 人一举增至 18 人，玉麦乡开始热闹起来。

玉麦河日夜不停地流淌，见证着玉麦乡的新变化。日子过得一天比一天好，卓嘎、央宗想着写信，把这里的喜人变化告诉以习近平同志为核心的党中央。接到回信后，姐妹俩更加坚定爱国守边事业，将带动更多牧民群众扎根雪域边陲，做神圣国土的守护者，幸福家园的建设者。

格桑花，那是吉祥、美丽、幸福的象征。"在玉麦生活，有许多常人难以想象的困难，但都没有动摇过我们坚守玉麦的决心。"留在玉麦，守护玉麦，建设玉麦，卓嘎、央宗姐妹一直坚信并行动着。2017 年，央宗的儿子索朗顿珠大学毕业后，主动回到家乡工作。2018年底，9户32人搬进"农家别墅"，成为守护国土、建设家园新的力量，守护着玉麦的一草一木。

善良公正彰显鱼水情深

　　法是什么？法官宋鱼水说："法是善良和公正的艺术，是以善的方式去解决问题。对违法行为的惩处，也是希望把违法的人变成守法的人、善良的人，这需要我们付出更大的努力。"

　　1991年，宋鱼水接手人生的第一个案子。原告是一名给小饭馆送菜的农民工兄弟，给饭馆送了一年的菜，可一直没收到菜钱。宋鱼水追查到现任老板，通过公正审理，让原告拿到了应得的钱。从那时起，她对自己"约法三章"：不轻视小额案件，不轻视困难群体，不轻视当事人的任何权利。

马克思说过：法官是法律世界的国王，除了法律就没有别的上司。法官手握定分止争、生杀予夺的权力，只有依据法律独立进行裁判，除了法律不受任何其他因素非法干扰，才能保证司法公正。这也就是古人所说的"法不阿贵，绳不挠曲"。我国宪法规定：人民法院和人民检察院依法独立行使审判权、检察权，不受行政机关、社会团体和个人的干涉。在实践中，也通过一系列重要制度安排和程序设计，确保司法机关依法独立公正行使职权。"阳光"法官，则是许多当事人对宋鱼水的称呼。在基层法院，她经常面对一些标的很小却涉及当事人生活的紧急案件。"让当事人把话讲完"，因为"伤害一个当事人，就会多一个不相信法律的人"。宋鱼水平等、公正地对待每一位当事人，对弱势群体怀着更多的理解、耐心和温暖。有人送来一面写有"辨法析理、胜败皆服"的锦旗，这成为宋鱼水身上的鲜明"标签"。

"如果一个国家培养出一个法官，他就能够保证这个国家，在这个法官有生之年的公正，如果这个国家能够培养出几代法官，就能够保证这个国家永远的公正。"这句法律界的名言，激励着宋鱼水精益求精、敢于创新。在北京海淀区人民法院，她和同事们创下多个"全国首例"：办理一起民间剪纸作品著作权案时，在全国首次使用"诉讼禁令"；办理两家经销杀毒软件企业的不正当竞争案件时，在全国首次适用"部分判决"……

只有能吃常人不能吃之苦，才能达到常人无法企及的高度。吃苦的过程，就是吃补的过程，就是思想成熟的过程、内心丰盈的过程、灵魂升华的过程，也是走向成功的过程。2014年，全国首家知识产权审判专业机构——北京知识产权法院成立，宋鱼水除了开庭审案，还花大量时间学习和思考知识产权司法保护的制度建设。她和同事们推动法院采取"院、庭长办案常态化""设置专业法官会议，发挥案件咨询和前置过滤作用"等措施，成功审理多起全国首例知识产权侵权类案件，为国家创新驱动发展战略保驾护航。

北京知识产权法院受理的案件中超两成是涉外案件，涉及五大洲几十个国家的当事人。宋鱼水在广阔的国际舞台上，发出中国法官的声音，表达中国加大知识产权保护的决心。德国法学家拉德布鲁赫说过："法官的职责不是实现法律，而是实现公正。"2019年，她担任审判长的7人合议庭，收到一家全球知名LED生产商赠送的锦旗。这一外方当事人表示，判决不仅关乎公司的运营，而且影响全球LED行业的技术发展，展示了中国法院的司法公正。

宋鱼水用几十年的审判经历，努力让每一个判决达到"胜败皆服"。她说："法律人要甘于寂寞，要始终保持一份内心的安静。"这是法官的职业操守。

第八章　英模风采

伟大出自平凡，英雄来自人民。一个有希望的民族不能没有英雄，一个有前途的国家不能没有先锋。崇尚英雄才会产生英雄，争做英雄才能英雄辈出。历史决不能忘记，军人的英勇牺牲行为永远值得尊重和纪念，让全社会形成崇尚英模、缅怀英烈的良好风尚。

为有牺牲多壮志　敢教日月换新天

早在宋代，女词人李清照就用一首《夏日绝句》："生当作人杰，死亦为鬼雄。至今思项羽，不肯过江东"，奏响一曲英雄挽歌。今有老英雄张富清，60多年深藏功名，一辈子坚守初心、不改本色。在部队保家卫国，到地方为民造福，用牺牲奉献书写出精彩人生。伟大事业需要伟大精神，伟大精神来自伟大人民。中国特色社会主义进入新时代，推进中国特色社会主义伟大事业，全面建成社会主义现代化强国，离不开千千万万个英雄群体、英雄人物。学习英雄事迹，弘扬英雄精神，亟须把非凡英雄精神体现在平凡工作岗位上，体现在对人民生命安全高度负责的担当精神上。

英名和为人民服务共存

　　"人总是要死的，但死的意义有不同。为人民利益而死，就比泰山还重；替法西斯卖力，替剥削人民和压迫人民的人去死，就比鸿毛还轻。张思德同志是为人民利益而死的，他的死是比泰山还要重的。"1944 年 9 月 8 日，毛泽东参加张思德追悼会，题写"向为人民利益而牺牲的张思德同志致敬"的挽词，发表悼念讲话。从此，张思德的英名和为人民服务共存。

　　这篇重要讲话，后经整理收入《毛泽东选集》第三卷，标题为《为人民服务》。1944 年 10 月，毛泽东接见新闻工作者时指出：三心二意不行，半心半意也不行，一定要全心全意为人民服务。向张思德同志学习，就要学习他全心全意为人民服务的精神。这是我们党的根本宗旨，也是每名党员干部的最高行动准则。

张思德出生在一个贫苦家庭，由于母亲没有奶水，只得走东家、串西家，要来谷米捣碎熬成糊喂他。为此，起了个小名——谷娃子。出生仅7个月，母亲因病离世，父亲张行品被迫将张思德抱给婶母收养。谷娃子吃"千家奶"、穿"百家衣"长大，养母为了让他永远记住乡亲们的恩情，取名"思德"。

张思德1933年参加红军，1935年随红四方面军长征，三度经过雪山、草地。革命力量是无穷大的，他曾只身泅水过江，夺得敌人的渡船，为红军强渡嘉陵江创造了条件。在川西茂洲地区，张思德一人夺得敌人两挺机枪，被战士们誉为"小老虎"，1937年加入中国共产党。

从小练就一身烧炭好手艺的张思德，1944年主动到陕西安塞县石硖谷办生产农场负责烧木炭。他白天巡回各窑，掌握火候；晚上数次爬上窑顶，观察烟色。每次出炭，张思德都抢先钻到窑的最里边捡木炭，包手的破布着火了，就弄熄后继续干。同年9月5日，他和战友小白决定再挖几孔新窑，多烧些木炭。当挖到中午时，突然窑顶掉下几块碎土，出现险情。张思德眼疾手快，一掌将小白推出洞口，厚厚的窑顶坍塌下来，却把他埋在下边。因抢救无效，张思德献出了宝贵的生命。

为人民服务不是一时的冲动，而是他一生的追求。据张思德班长张显扬回忆，有一次，一个小战士高兴地嚷着发现了野萝卜，张思德过去检查发现，在水塘边有一丛叶子绿绿的、模样很像萝卜的植物。小战士拔起一棵就往嘴里送，他赶忙抢过来，把叶子放到自己嘴里，细细嚼了嚼，味道又甜又涩。不一会儿，张思德头晕无力，肚子剧痛，大口呕吐起来。失去知觉前，他还在嘱咐小战士，快去告知大伙这草有毒。半个多小时后，张思德慢慢地醒来，看见小战士端着瓷缸蹲在跟前就急忙地说："不要管我，快去告诉其他同志。"

为人民服务彰显历史唯物主义的群众观点，揭示人民群众是创造历史的动力。张思德让为人民服务像甘露一样，滋润、温暖、激励着大众的心田。

树立起一座历史丰碑

步入河北隆化县城西北的烈士陵园，一抬头就会看到，在苍松翠柏中，矗立着一座19米高的花岗岩纪念碑，铭刻着朱德的题词"舍身为国，永垂不朽"，象征着董存瑞19载青春年华。

走进董存瑞纪念馆，抗日烽火孕育英雄、英勇善战功勋卓著、热爱群众鱼水情深、舍身炸堡奉献青春、英名千古浩气长存、缅怀英烈传承精神等6个部分，展示着董存瑞从一个普通的农家孩子，成长为全国著名战斗英雄的历程，讲述着他短暂而光辉的人生。

明代诗人杨基在《感怀》中有言："邓禹南阳来，仗策归光武。孔明卧隆中，不即事先主。英雄各有见，何必问出处。"
大意是说，邓禹从南阳追来，为光武帝刘秀出谋划策以争天
下。诸葛亮久居隆中，并不急着马上去辅佐刘备。这两个英雄
都有自己的见识，不必计较他们出身的贵贱。董存瑞是革命年
代的战斗英雄，是劳苦大众为人类求解放的英雄。他 13 岁那
年，就机智地掩护区委书记躲过侵华日军的追捕，被誉为"抗
日小英雄"。董存瑞 1943 年被选为南山堡村第一任儿童团团
长，1945 年参加八路军，1947 年加入中国共产党。1948 年，
在大胜岭战斗中，他带领全班坚守青云顶阵地，在弹药用尽的
情况下，和战友们打退敌人的反扑。随后，连队采纳他的建
议，采取正面佯攻、侧面突袭的战术，迅速攻占了敌人据守
的制高点。部队发起追击时，董存瑞奋勇当先，只身俘敌十
余人。

军事技术过硬，作战机智勇敢。董存瑞先后荣立大功 3
次、小功 4 次，荣获 3 枚"勇敢奖章"、1 枚"毛泽东奖章"。
1948 年，所在部队编为东北人民解放军第十一纵队第 32 师 96
团 6 连，董存瑞被任命为六班班长。作战训练中因成绩优异，
六班被授予"董存瑞练兵模范班"，个人被授予"模范爆破手"
光荣称号。

《史记》载：秦伐韩，军于阏与。韩求救于赵，赵王召廉颇而问曰："可救不？"对曰："道远险狭，难救。"又召乐乘而问焉，乐乘对如廉颇言。又召问赵奢，奢对曰："其道远险狭，譬之犹两鼠斗于穴中，将勇者胜。"真可谓，"狭路相逢勇者胜"。1948年5月25日，攻打隆化城的战斗打响。董存瑞任爆破组组长，带领战友们接连炸毁4座炮楼、5座碉堡。连队随即发起冲锋，突然遭敌一隐蔽的桥形暗堡猛烈的火力封锁。部队受阻于开阔地带，二班、四班接连两次对暗堡爆破，均未成功。董存瑞挺身而出向连长请战："我是共产党员，请准许我去！"他抱起炸药包，冲向暗堡，前进中左腿负伤，顽强坚持，冲到桥下。由于桥形暗堡距地面超过身高，两头桥台又无法放置炸药包。危急时刻，董存瑞用左手托起炸药包，右手拉燃导火索，高声大喊："为了新中国，冲啊！"碉堡被炸毁，他以血肉之躯为部队开辟了前进的道路。6月8日，第十一纵队追认董存瑞为战斗英雄、模范共产党员，命名其生前所在班为"董存瑞班"。1950年，董存瑞被追认为全国战斗英雄。

董存瑞舍身炸碉堡的英雄壮举，树立起一座永远的历史丰碑，成为永不熄灭的精神火炬，影响着一代又一代人的成长进步。

豪言壮语与英雄壮举

当你风华正茂，把青春安放在哪里?"不立功不下战场"，是黄继光请战友代笔，写给母亲邓芳芝信中的豪言壮语。他立功了，却没能走下战场。1953 年，邓芳芝被毛泽东请到中南海做客，表达一位领袖对一位士兵的敬意。邓芳芝回忆道:"毛主席握着我的手说，你养育了一个好儿子呀……"

1952 年 10 月，人类历史上最为惨烈之一的战斗——上甘岭战役打响。敌军调集 6 万余人、300 余门大炮、170 多辆坦克，出动 3000 多架次飞机，对中国人民志愿军 2 个连、约 3.7 平方公里的阵地，倾泻了 190 余万发炮弹、5000 余枚炸弹!

英雄者，国之干。10 月 19 日夜，黄继光所在营奉命夺取上甘岭西侧 597.9 高地。部队接连攻占 3 个阵地后受阻，连续组织 3 次爆破均未奏效，战况空前紧张。时近拂晓，再不拿下高地，将贻误整个战机。关键时刻，时任通信员的黄继光挺身而出，请求担负爆破任务，并带领两名战士攻坚。英雄自告奋勇、主动请缨，是因为他知道自己身上的担子，明白自己被寄予的使命。

为什么总有英雄不惧危险、勇毅前行？为什么总有猛士直面考验、迎难而上？支撑英雄壮举的，是为民担当、为国奉献的家国情怀，是心中那份割不断、扯不开的责任牵挂。黄继光生前的战友钟仁杰、李继德、万福来等，均目睹了英雄牺牲的壮烈一幕：在距敌火力点不到 50 米的地方，黄继光三人被敌军发现。刹那间，照明弹、探照灯使整个山坡变成白天，无数条机枪喷射出来的火舌扫向他们隐蔽的地方，三人相继倒了下去。没过几秒钟，黄继光又匍匐前进，但动作比原来慢得多。后来才知道，两名战士一死一重伤，黄继光左臂挂了彩。距敌火力点不到 10 米！黄继光用右臂撑住身体，扔出手雷，可惜敌机枪只略一停顿。钟仁杰命令全力吸引敌人火力，黄继光爬到碉堡下，那里是敌人射不到的死角。他蹲了下去，回头朝钟仁杰他们看了一眼，接着一挥手，大声喊了一句话。话音全被枪声淹没，没有人听清他喊了什么。这时，只见黄继光猛地站起来，身子向上突地一挺，奋力向碉堡扑上去，用胸膛堵住冒着火舌的枪口！

英雄慷慨激昂、正气沛然，是因为他摆脱了"小我"的束缚，找到了"大我"的寄托。新华社报道了黄继光舍身堵枪眼、英勇牺牲的英雄事迹，称他是"马特洛索夫式"的战斗英雄。部队党委追认黄继光为中国共产党党员，追授他模范团员称号。志愿军总部给黄继光追记特等功，追授特级英雄荣誉称号。朝鲜民主主义人民共和国追授黄继光英雄称号和金星奖章、一级国旗勋章。今天，人们常把"黄继光式"的英雄行为，称为大无畏的英雄壮举。

母爱具有无比强大的力量，和自强会融解一切艰难困苦、矛盾问题，从而使历史感天动地、暖人情怀。"继光虽然光荣牺牲了，但千千万万的青年都愿作我的儿女，他们都表示要学习继光……"邓芳芝说，"我失掉了一个儿子，现在却有了千千万万个儿子。"她又将一朵大红花戴在小儿子黄继恕胸前，黄家先后有 10 多人参军入伍。

薪火相传，历久弥新。1961 年，黄继光生前所在连队改建为空降兵，英雄精神在一代代官兵的生命里流淌不息，2013 年 8 月被中央军委授予"模范空降兵连"荣誉称号。

纪律重于生命

　　"为了世界革命，为了战斗的胜利，我愿意献出自己的一切！"朝鲜战争爆发后，邱少云积极报名参加志愿军，并在入党志愿书中写道。

　　马克思说过，一个人应该：活泼而守纪律，天真而不幼稚，勇敢而不鲁莽，倔强而有原则，热情而不冲动，乐观而不盲目。活泼而守纪律为何排在第一位？足见纪律在做人做事中的分量。1952 年 10 月，邱少云所在部队担负攻击金化以西"联合国军"前哨阵地——391 高地作战任务。为缩短进攻距离，11 日夜，部队组织 500 余人在敌阵地前沿的草丛中潜伏。12 日 12 时许，美军盲目发射的一发燃烧弹落在邱少云潜伏点附近，草丛迅速燃烧起来，火势顺风蔓延到他的身上。身后是一条水沟，如果后退几步，顺势一翻，火苗就会在泥水里扑灭。可是，邱少云没有这么做。强忍着烈火烧身的剧痛，他轻轻地将爆破筒推向一边，将子弹埋进土里。咬紧牙关，两手深深地插进泥土，任凭烈火烧焦头发和皮肉，苦苦地坚持了30多分钟。从那一天起，邱少云这个在烈火中熔铸的名字，和纪律重于生命的战斗精神一起，永远铭记在人民子弟兵的心中，影响并鼓舞着一代又一代中国军人。

朱德有言，纪律是军人的生命。阵前潜伏，既讲勇敢，更讲纪律。在长达20多个小时的潜伏中，不能有一人暴露，一旦被敌人发现，我军便陷入包围中，背后远离己方阵地，进退无路，很可能导致全军覆没。在391高地战斗发起前，志愿军提出潜伏中必须严格遵守的纪律，为了整体，为了胜利，在任何危急情况下都不得轻举妄动。邱少云的战友李清华说，"哪怕有个蚂蚁在你脸上，都不能动一下，一动就要暴露目标"。排长曾纪有回忆："我们只距离敌人阵地30米左右，稍发出点声响，弄出点动静，就可能被发现。即使敌人发现了我们中的哪个人，谁也不能有任何动静，更不能反击。"

陈毅说过，纪律是军队战斗力的测量器。这是一场比拼纪律、比拼耐力的战斗，唯有忍到最后，才能获取胜利。邱少云决然放弃自救，坚决执行潜伏纪律，以血肉之躯，铸就"纪律重于生命"的精神丰碑。中国人民志愿军总部给他追记特等功，追授"一级英雄"称号。朝鲜民主主义人民共和国最高人民会议常任委员会，追授邱少云"朝鲜民主主义人民共和国英雄"称号和金星奖章、一级国旗勋章。

这种高度的组织纪律性，为志愿军部队树立起榜样。在1953年的夏季攻击战役中，第六十军组织3500多人潜伏一昼夜，即使30余人被炮击牺牲，依然保持不动，直至入夜后，一举歼敌7812人，创造出千人最大规模潜伏的经典战例。

人民军队战史上，邱少云是一个特殊的英雄。他没有发射一枪一弹，消灭一个敌人，却以人类罕见的意志力，突破人体承受的痛苦极限战胜烈火考验，用燃烧的生命照亮战友们通往胜利的道路，真正做到了"除了胜利一无所求、为了胜利一无所惜"。

乡情让湘音历久弥新

雷锋出生于湖南长沙市，是苦命的孤儿、优秀的少先队员、勤勉的公务员、追求上进的拖拉机手、勤奋的推土机手、爱钻研的汽车兵。1962 年，他因公殉职，1963 年毛泽东题词"向雷锋同志学习"。雷锋精神不仅影响着一代代中国人，而且跨洋过海，成为一道靓丽的国际风景线。

1960 年 8 月，辽宁抚顺地区暴雨成灾，雷锋所在运输连接到参与抗洪抢险命令，他因表现突出，荣立个人二等功。同年 11 月 27 日，雷锋在全团授奖大会上发言；12 月 12 日，湖南人民广播电台把这一发言录入节目库，留下一段弥足珍贵的乡情。向雷锋同志学习，唱响《接过雷锋的枪》，就要学会倾听这段历久弥新的湘音。

不经风雨，难成大树；不受百炼，难以成钢。"那时候连长他看我的个子小，他不要我跳下去……我想到，我一定要跳下去，一定要铲掉洪水、治理洪水。"雷锋热爱人民群众，热爱集体，把有限的生命投入到无限的为人民服务之中去。正如他在日记中所写："一滴水只有放进大海里才永远不会干涸，一个人只有当他把自己和集体事业融合在一起的时候才能最有力量。"

雷锋说："当我走到堤上的时候，就看到有一个战友，他没穿雨衣，当时下了很大的雨。我想到毛主席教导，关心别人比关心自己为重，因此我把自己的雨衣脱下来了，送给那个战友穿上了。"人生的价值不在于索取，而在于奉献。电影《雷锋》里有这样一幕让人记忆犹新：滂沱大雨中，雷锋发现一老一小要艰难地赶20多里路，便二话没说，主动背起小孩送他们回家。"孩子，不哭，我给你唱首歌吧，我是一个兵，来自老百姓……"雷锋的乐观，也给老人和孩子带去力量。他从过膝的河水中慢慢蹚过，在泥泞不堪的道路上多次滑倒，一边背小孩，一边扶老人，脸上始终洋溢着幸福的笑容。

"人民的困难就是我的困难，帮助人民克服困难，是我应尽的责任，我应该为灾区人民尽一点自己的力量。"雷锋的日记与其实际行动，做到了知行合一。他在发言中说："我到处捡那个牙膏皮子，一共捡了 80 多个，我把它集起来了，集起来后我就送到那个服务社，卖了。一共是卖了两块多钱，我把这个钱又交给了指导员。"雷锋把毫不利己、专门利人看作人生最大快乐，在得知战友王大力家乡发大水后，他以战友的名义向灾区寄钱。榜样是一面旗帜，其力量是无穷的。战友们纷纷向雷锋看齐，王大力也成了一名助人为乐、扶危济困，做好事不留名，只说自己是解放军的好战士。

雷锋身上的信念能量、大爱胸怀、忘我精神和进取锐气，是民族精神的最好写照。新时代涌现出更多的"活雷锋"，雷锋精神必将焕发出灿烂的光彩。

瞭望国际军事科技变革

　　国际竞争，说到底是综合国力竞争，关键是科技竞争。追求科技变革需要特殊的勇气和担当，苏宁敢于站在时代前沿阵地，瞭望国际军事科技变革，为我军现代化建设，践行了"唯有军人是用鲜血和生命为祖国服务"的誓言。

　　身在中国，目光却紧盯世界现代化战争的前沿；身在基层，考虑的却是事关国防现代化全局的战略大计；时间刚跨入20世纪90年代，却设想出《二〇〇〇年炮兵战术发展预测》。深知科技落后就会被动挨打的苏宁，不仅写出了有关炮兵、导弹专业的论文，其研究的领域还兼及其他军、兵种。他先后撰写70余篇、共30多万字的学术论文，其中一些观点，受到了上级领导机关和军事专家的高度评价。比如，撰写的《用对策论研究选择炮火反击最优方案》一文，用数学模拟方法分析炮兵作战敌我双方对抗的各种条件、情况和结果，帮助指挥员在诸多炮火反击方案中选择最佳的对策、时间和力量，被评为军区优秀论文。又如，撰写的《用运筹方法优选野防最佳方案》论文，首次提出和论证了采用纵深机动防御的设想。再如，提出的《摩步师攻防计算机辅助决策系统》总体设计方案，多达几千个数据、上百个计算公式，后与专家合作研制成《陆军师团攻防作战微机模拟系统》，引发了指挥手段的巨大变革。

科学家阿尔伯特·爱因斯坦说过，科学决不是也永远不会是一本写完了的书。钻研科技、创新科技，永无止境，永远在路上。苏宁不仅勇于钻研科技，而且善于用以改革急需项目，被战友们赞誉为"炮兵英才"。为提高部队野战生存能力，他研制成雪地宿营用的"罩式帐篷"；为提高部队雪地机动能力，他设计出减轻战士负荷的三种爬犁。苏宁还研制出火箭炮简便射击发射架，制作了导弹野战训练模拟器等。从 1981 年到 1991 年，他完成和参与研制的改革有 162 项，其中 1 项获全军模拟器材二等奖，6 项受到总部、军区机关肯定和推广，1 项获军区科研成果四等奖，8 项被军区和集团军推广。

以对党对祖国对人民的无比忠诚，埋头苦干，苏宁在自己工作过的岗位上均取得出色成绩。当战士，他是训练尖子；当班长，他带领全班战友夺得全团训练比武第一名；当干部，他被树为基层干部标兵、优秀指挥员。1991年4月21日，部队组织实弹投掷训练，一名投弹手由于挥臂过猛，手榴弹落在不到一米外的监护员脚下。危急关头，苏宁大喊一声"快卧倒"，一个箭步冲过去推开监护员，俯身抓起手榴弹，正要投出的一刹那，手榴弹爆炸了。

苏宁永远地走了，但其精神没有走，激励着一代代中国军人像他那样去工作、去学习、去战斗。1993年2月19日，中央军委授予苏宁"献身国防现代化的模范干部"荣誉称号，称他是"新的历史时期我军干部中的一个德才兼备、忠于职守、献身国防的突出典型"。

富了不忘报党恩

　　走进烈士牺牲地——湖北公安县南平镇，处处都有英雄的名字：向群中学、向群广场、李向群纪念馆⋯⋯

　　"神话般地崛起座座城，奇迹般聚起座座金山"，一首《春天的故事》唱响长城内外，暖透大江两岸。1982 年，李向群的父亲李德清在海南海口市建起服装加工厂，十几岁的李向群替工厂管理车辆，一家人钱越挣越多，日子越过越红火。1995年，李向群决定按照自己的想法规划人生——去当兵。李德清虽有些意外，但非常支持："我们家在党和国家的政策下富裕起来了，不能忘了回报党、回报人民。"

　　那一年，李向群报名参军却未能如愿，因为太瘦了。机遇往往留给有准备的人，成功青睐于付出常人多倍汗水之人。扔下挣钱的活，李向群回家专心干好一件事：锻炼，让自己变得越来越强壮！"第二年终于检上了，他高兴得很。"李德清记得，儿子去当兵的日子，是 1996 年 10 月 23 日。

一个所谓"富二代"，为何选择军旅生涯？李向群说："把真情献给人民，爱心献给社会，是我最大的快乐。"平时多流汗，战时少流血。他从实战需要出发，从难从严要求自己。训练中，迎难而上，争当尖子；执行任务时，奋勇争先，甘当"火车头"；学习上，如饥似渴，紧跟时代步伐。很快，李向群实现了从一个地方青年到一名合格士兵，再到优秀士兵的"华丽转身"。

千难万险，尽心尽责就不惧风险；大计小计，人人有责是最佳之计。参加抗洪抢险的李向群，轻伤不下火线，直至战斗到生命最后一刻，谱写了一曲感天动地的英雄赞歌。

1998 年 8 月 5 日，李向群随部队赴荆州参加抗洪抢险。7日，他递上入党申请书，要求参加党员突击队。13 日，荆州太平口幸福闸出现管涌，李向群一个猛子扎入水中检查漏洞，左脚被闸门划开一道 4 厘米长的口子，血流不止。他强忍疼痛，找准漏水部位，上堤后又投入封堵管涌的战斗中。

17 日上午，已连续奋战 14 个小时的李向群，感到头晕发热，坚持到下午，晕倒在地，体温达 40℃。19 日 14 时许，公安县南平镇天兴堤发现管涌，他听到紧急集合哨音，拔掉针管、奔到大堤，扛数十包沙袋后，脚步踉跄，脸色发青，又一次晕倒在大堤上。21 日 8 时许，南平镇中豆段出现内滑坡。听到集合哨音，李向群不顾身体虚弱，从病床上爬起来，加入抗洪队伍，10 时许，再次晕倒。苏醒过来后，他趁人不注意，继续坚持战斗，一头栽倒在大堤上，口吐鲜血，晕死过去。生命垂危之际，李向群用微弱的声音向教导员王战飞"请战"："晚上还有没有任务？一定要让我去……"

英雄献身岂止在战场，英雄不死，英雄永恒！李向群被原广州军区授予"抗洪勇士"荣誉称号，并命名其生前所在班为"李向群班"，所在连为"李向群连"。1999 年，中央军委授予他"新时期英雄战士"荣誉称号。

听身边人讲故事

1999 年 10 月 1 日，一场世纪大阅兵在天安门广场举行。第二炮兵受阅方阵驶过天安门前时，一位军官举起右手行着庄严的军礼，他叫杨业功——第二炮兵受阅方队大队长。

20 世纪 90 年代初，杨业功担负起筹建我军第一支新型导弹部队的重任。没有阵地、缺少装备、人才不足，全新的部队、全新的装备，需要全新的建设思路、训练模式。生命不息，战斗不止。他积极推进中国特色军事变革，加紧做好军事斗争准备，2004 年因积劳成疾病逝。弘扬杨业功同志奉献、创新、务实、自律的精神，可以从倾听身边人讲他的故事开始。

使命高于生命，责任重于泰山。某基地参谋长高津说："一天晚上，他兴奋地对我说，我们要组建的是一支'拳头'部队，第二炮兵的历史将要翻开新的一页。杨业功充满信心地说，既然历史选择了我们，我们就要书写出无愧于历史的辉煌！"一天凌晨，高津看到杨业功皮大衣上一层白霜，领子和眉毛上挂着冰碴，忍不住劝他，你就留在驻地坐镇指挥，我们保证完成任务。杨业功把脸一拉说："平时不与战士同甘共苦，战时谁会跟你赴汤蹈火？平时不能身先士卒，战时怎能指挥千军万马？"部队筹建当年，就成功发射了第一枚新型导弹。

带兵就是带士气，领导不带头哪来的士气！妻子杨玉珍感叹："家里常年放着两个沉甸甸的旅行包，一个装满了衣服、鞋子和生活用品，另一个装满了书籍和办公用品。这些都是老杨出差时必备的。"记得一天晚上，他刚进家门，连鞋没脱就躺在沙发上，衣服湿漉漉的，浑身直打哆嗦。我问怎么啦，他说和战士们在水里挖了一天的光缆沟。我又心疼又生气，端来热水给他洗脚，看到腿肿得一按一个坑。弥留之际，杨业功呓语不断，妻子听到的仍是："立正、稍息""一二一……出发！"

知识面很广，名副其实的"儒将"。张海峰医生回忆：一天晚上，我到杨司令员家巡诊，见他一遍又一遍地书写"锐旅雄师",便问"锐旅"两个字的含义。他说,"锐旅"出自岳飞的《满江红》,原文是"何日请缨提锐旅,一鞭直渡清河洛"。杨司令员不无感慨地说:"我就希望有一天,当祖国和人民需要的时候,能够像岳飞那样,驰骋疆场,精忠报国,不辱使命。"

天下虽安,忘战必危。军人不思打仗就是失职,杨业功在日记中写道:"打不赢就无法向党和人民交代,我将成为历史的罪人!"战士自有战士的爱,军人自有军人的责任。为了国家和民族的安全,为了人民的安宁和幸福,他义无反顾地选择了阵地,选择了山沟,选择了风餐露宿与漂泊不定,选择了长年累月艰辛训练,选择并习惯了简朴、艰苦的生活!

苦干惊天动地事

"干惊天动地事，做隐姓埋名人"，林俊德被誉为"民族脊梁，国民楷模"和"平民院士"。他生前有三个遗愿：一切从简，不收礼金；不向组织提任何要求；把他埋在马兰。52 年扎根大漠，林俊德和所有参加核试验的人一样，都是戈壁滩上的一朵马兰花。

1964 年 10 月 16 日 15 时，罗布泊一声巨响，蘑菇云腾空而起。现场总指挥张爱萍向周恩来报告，我国第一颗原子弹爆炸成功。周恩来在电话里问："怎么证明是核爆成功？"说来也巧，恰好程开甲带着林俊德匆匆赶到。林俊德坚定地说："冲击波的数据已拿到，从记录的波形和计算的数据证明，这次爆炸是核爆炸。"

一个人"发狂"工作一阵子容易，这样"狂"上一辈子是十分困难的。林俊德却说，成功的关键，一个是机遇，一个就是发狂。他以自己为例："成功不成功，的确有个机遇。一旦抓住机遇，就要发狂地工作，所以效率特别高，不可能的事就可能了。"林俊德的一辈子被人看作学习狂和工作狂，即便年纪上了七十，搞研究、做实验、带学生，几乎占去他的所有时间。在生命倒数第二天，他断断续续地说了两句话：一句是，"我这辈子只做了一件事，就是核试验，我很满意"；另一句是，"咱们花钱不多，做事不少。咱讲创造性，讲实效，为国家负责"。

林俊德还有一个"三不"定义：不是自己研究的领域，不轻易发表意见；装点门面的学术活动，坚决不参加；不利于学术研究的事情，坚决不干。2005 年，有大学请他当名誉教授，林俊德说："我们研究领域虽然接近，可是距离太远，鞭长莫及的，我给不了什么指导，这挂名教授我还是别当了。"2009年，在四川召开关于地震的学术会议，受邀的林俊德很乐意作报告。一是汶川地震后，他一直有个心愿，想亲眼去看看，实地考察一下地震对地表的破坏情况；二是林俊德搞爆炸力学，会议主题和他的研究领域很贴近。第二年，主办方再次邀请时，他却说："我不去了。同一报告我绝不讲第二遍。"

科学成就离不开精神支撑，科技工作者必须大力弘扬胸怀祖国、服务人民的爱国精神，勇攀高峰、敢为人先的创新精神，追求真理、严谨治学的求实精神，淡泊名利、潜心研究的奉献精神，集智攻关、团结协作的协同精神，甘为人梯、奖掖后学的育人精神。林俊德常对学生们说："现在有好多浮躁来自不虚心，就是老百姓说的不知天高地厚。"直到去世，他依然是没有任何"兼职"的院士。

黄建琴，是马兰有名的"核大姐"之一。与丈夫林俊德相伴近半个世纪，她含着泪说，老林的最后几天，是她跟他待在一起最长的一段时间。林俊德带的学生，都是科技精英，女儿却没读过大学。女儿最懂父亲："很多人说林院士一辈子没享过福，但我知道父亲不是这样的。他对幸福的理解不一样，他说过他这一辈子真的很愉快。"

"铿锵一生，苦干惊天动地事；淡泊一世，甘做隐姓埋名人。"这是创造马兰精神、见惯英雄的马兰人，送给林俊德的一副挽联。

4.4 秒耗尽 29 岁生命

"飞鲨"，我国第一代航母舰载机歼−15的"美称"。张超为"飞鲨"而生，也为"飞鲨"而逝。

2016年4月27日，张超圆满地完成规定课目，飞机着陆后，无线电耳麦突传急促的语音告警：117电传故障，检查操纵故障信号。滑跑时速超过240公里的战机，瞬即像一匹狂奔的烈马被勒紧缰绳一样，前轮猛地弹起，机头急促上仰，尾椎蹭在地面，火花四溅。危急关头，张超第一时间将操纵杆猛推到底，试图挽救这架造价数亿元、朝夕相伴的"飞鲨"。

"跳伞！跳伞！跳伞！"塔台指挥员对着话筒大喊。在巨大的速度惯性下，飞机骤然离地20多米。无奈之下，张超作出无奈之举，最终拉动弹射手柄，救生伞却没来得及张开。从 12 时 59 分 11.6 秒发现故障，到 59 分 16 秒跳伞，他娴熟地完成一系列动作，仅用 4.4 秒。然而，正是这 4.4 秒，耗尽他 29 岁的生命，倒在离梦想咫尺的地方。

"我，是不是，再也飞不了……"张超选择为祖国召唤、为军人使命而奋飞，直至生命最后一刻依然是飞行。有人说，英雄壮举不过是瞬间行为。而这一瞬间的壮举，可要用一生来修行，甚至用生命作交换。从岳阳到长春、从山海关到海南岛、从西沙再到关外，从初教机到高教机、从二代机到三代机、从陆基飞行到舰载飞行，张超飞过 8 种机型，刷新过多项纪录，是尖刀中的刀尖，被战友们称为"飞行超人"。

航母有"海上霸主"之美称，是目前世界上最庞大、最复杂、威力最强的武器之一，是一个国家综合国力的象征。2012 年 9 月，我国首艘航母——辽宁舰入列，11 月 23 日，戴明盟首次成功阻拦着舰；2013 年 5 月，人民海军第一支舰载航空兵部队成立；2014 年底，我国自主培养的首批舰载战斗机飞行员成功完成舰上起降。2015 年 3 月，张超加入"飞鲨"战队，相比同班的飞行员，他晚来了整整两年。面对全新的武器装备、全新的训练模式、全新的操纵习惯，一切都得从零开始。

张超加班加点、补训苦训,有时把自己绑在模拟飞行器上,困了打个盹儿,醒来接着练,就连睡觉时,室友也常听见他念叨上舰飞行口诀。

"黑区",是着舰飞行训练时,模拟航母甲板的着陆区,仅仅2米见方。航母虽很大,可"黑区"很小。小小"黑区",投射的既是精武面积,更是精神面积。为更好地操控"飞鲨",更早地"亲吻"航母甲板上的"黑区",正常的模拟飞行与实际飞行时间比例一般为1:1,而张超达到惊人的3:1。他一年的飞行起落,相当于以往6至7年训练的总和。

舰载战斗机飞行员,被称为"刀尖上的舞者",风险系数是航天员的5倍、普通飞行员的20倍。没有"把脑袋别在裤腰带"的玩命劲儿,不可能成为"飞鲨"上的"飞鹰"。"英勇顽强是血性,不怕牺牲是血性。对于舰载战斗机飞行员来说,面对未知敢于挑战,遇到瓶颈勇于超越,也是血性。"张超把誓言写在日记里,更是写在一次次"黑区"起降的"吻痕"里。

第九章　伉俪模范

在天愿作比翼鸟，在地愿为连理枝。家庭是人生的第一个课堂，父母是孩子的第一任老师，良好家教家风是加强和创新基层社会治理的重要依托。不论时代发生多大变化，不论生活格局发生多大改变，都要重视夫妻关系，注重家庭、注重家教、注重家风。

我失骄杨君失柳　杨柳轻飏直上重霄九

1958 年的一天，邓稼先走进钱三强的办公室。这一天到底发生了什么？邓稼先妻子许鹿希曾这样回忆：那一天他回来比较晚，他说我要调动工作了。我后来问他调哪儿去，他说不能说。我说调什么工作，做什么事，他说不能说。我说你给我一个信箱号码，我们通信，他说大概也不行。从那一天起，邓稼先在戈壁滩核试验场，整整度过 8 年的单身汉生活。如果"在天愿作比翼鸟，在地愿为连理枝"，可视为恩爱夫妻的象征和向往；"恋亲不为亲徇私，念旧不为旧谋利，济亲不为亲撑腰"，见证患难夫妻的家国情怀；那么信仰与信任，书写出伉俪情深的责任与担当。

唱响一曲红色恋歌

在早期中共党员中，有对伉俪引人注目：丈夫何孟雄是中国共产党创始人之一，妻子缪伯英则是中国第一位女共产党员。他们为中国革命献出青春、生命和家庭，唱响了一曲动人的红色恋歌。

"当年小吏陷江州，今日龙江作楚囚。万里投荒阿穆尔，从容莫负少年头。"这是一生5次入狱的何孟雄，一次在狱中墙壁上写下的励志诗。1919年，何孟雄进入北京大学学习，受《新青年》倡导的新思潮影响，积极投身五四爱国运动。1920年，在李大钊的指导和帮助下，何孟雄和邓中夏、罗章龙等人，发起成立中国第一个马克思主义学说研究团体——北京大学马克思学说研究会。同年 11 月，他加入北京社会主义青年团和北京共产党早期组织。1921 年 7 月中国共产党成立，何孟雄是全国最早的 50 余名党员之一。

1919 年 7 月，缪伯英考入北京女子高等师范学校学习。来北京的当天，杨开慧用自行车载她来到豆腐池胡同 9 号的时候，毛泽东、何孟雄等人正在谈论时事。怀着共同的信仰，何孟雄与缪伯英相恋，1921 年举行简单的婚礼。同游一趟香山，两人合制"伯雄藏书"图章，以表终身为革命的心志，一时被人称羡为"英雄夫妇"。

两人婚后，聚少离多。1921 年冬，何孟雄当选中共北京地方执行委员会书记，并任中国劳动组合书记部北方分部成员。除了从事北方共产主义运动，还在推进北方工人运动。他参与发动和领导京绥铁路、开滦煤矿、唐山铁路机车厂、正太铁路和京汉铁路工人大罢工等重大斗争，在中国工人运动史上写下了光辉一页。缪伯英 1922 年任中国劳动组合书记部女工部的负责人，经常深入丰台、南口、石家庄等地宣传马克思主义。同年 8 月，负责筹备北京女权运动同盟会，推动妇女争取政治和经济上的平等权利。1923 年，参与领导京汉铁路北段的总罢工，秘密主持编印《京汉工人流血记》等宣传品。1925

年，担任中共湖南省委第一任妇委会书记和省妇女运动委员会主任。同年 6 月 25 日，缪伯英生下一男孩，何孟雄无暇探望，只好在信中表示慰问和歉意。

患难夫妻，并肩战斗。1926 年北伐军攻取武汉，何孟雄调任中共汉口市委组织部部长，缪伯英也被派往武汉。1927 年汪精卫背叛革命，夫妻两人被调到上海工作。1928 年，缪伯英又生下一个女儿。让人惋惜的是，一双儿女在战乱中下落不明。

碧血洒大地，丹心照九州。"既以身许党，应为党的事业牺牲，奈何因病行将逝世，未能战死沙场，真是遗憾终生！" 1929 年 10 月，缪伯英在上海病逝，何孟雄为她装殓入棺。"龙华千古仰高风，壮士身亡志未穷。墙外桃花墙里血，一般鲜艳一般红。"令人扼腕的是，1931 年 2 月，何孟雄被国民党反动派杀害于龙华监狱。

坚贞的爱情在这里

婚后，李淑一问英俊的新郎官为什么选择自己？柳直荀直言："你既有新知又有旧识，家庭和孩子交给你，我安心。"1927年"马日事变"当天，柳直荀告别妻儿，直奔湖南省农民协会主持召开紧急会议，发动数万农民进攻长沙。这一走，李淑一再也没见到他，但忠诚、正直的柳直荀，让她怀念一辈子，用一生书写了坚贞不渝的爱情。

柳直荀在雅礼大学预科期间，结识毛泽东、何叔衡等人，1924年加入中国共产党。李淑一上中学时，与杨开慧结为好友，后经杨开慧介绍，与柳直荀结婚。

1927年，柳直荀参加南昌起义后南下广东，不久被党派往上海从事秘密斗争。1928 年，他飞鸽传书自己 30 岁生日的照片，并写有唐诗二句：何日平胡虏，良人罢远征。1929 年 5 月，柳直荀又往家里寄信，打算接李淑一和儿女赴天津。不幸的是，照片和书信均被国民党当局查获，李淑一这位"著名共匪之妻"被捕入狱。敌人对她严刑拷打，李淑一始终不肯说出柳直荀的下落。后经多方营救，她才被保释出狱，从此与柳直荀失去联系。

抚孤成立，艰苦备尝，极为佩慰，毛泽东曾高度评价李淑一。在那风雨如晦的岁月，李淑一带着一双儿女东躲西藏，但她对柳直荀的爱情始终不渝。"著名共匪之妻"要找个谋生的职业本就不易，更何况拖儿带女。所幸的是，李淑一是湖南省立第一女子师范毕业的高才生，又在福湘女子中学专修三年，便当起家庭教师，以微薄的收入维持一家三口的生活。

1929 年冬，柳直荀调任中共湖北省委书记。1930 年 4 月，受命到洪湖革命根据地工作。1931 年 3 月，与贺龙、段德昌等率部打退敌人多次围攻，巩固和发展了湘鄂西革命根据地。同年 6 月，中共鄂西北临时分特委成立，柳直荀任特委书记兼房县县委书记，为巩固和发展革命根据地作出了巨大贡献。在此期间，由于坚决反对党内和根据地"左"的错误方针政策，他被撤销在党和红军中的领导职务。1932年9月，柳直荀遇难。临刑前，他只说了一句话："请把我的问题搞清楚之后，再把我的死讯告诉我的妻子，告诉她，我是一个正直的共产党员！"这催人泪下的遗言，饱含对妻子的无限深情，对党至死不渝的忠诚。

1933年的一个夏夜，李淑一梦见丈夫衣带褴褛，血渍斑斑，不禁大哭而醒，披衣起床，写下《菩萨蛮·惊梦》："兰闺索莫翻身早，夜来触动离愁了。底事太难堪，惊侬晓梦残。征人何处觅，六载无消息。醒忆别伊时，满衫清泪滋。"1957年2月，李淑一给毛泽东写信，并附上此词。5月11日，毛泽东回信：你如去看直荀的墓的时候，请为我代致悼意。并附《蝶恋花·答李淑一》词一首，深表对柳直荀的怀念之情。

夫妻碧血染云霞

"出生入死闯险关，革命火种撒南湘。夫妻碧血染云霞，一代女杰留芬芳。"这首在湘南大地广为流传的诗歌，歌颂着一对英勇的夫妻——陈芬、毛泽建。

1923 年，毛泽建加入中国共产党，后经毛泽东牵红线、搭鹊桥，1925 年与陈芬结婚后，一同前往耒阳从事革命活动。两人刚到陈家，就碰上劣绅"鲁恶鬼"催租抢人，将佃户毒打致死。他们带领数千群众，朝"鲁恶鬼"家涌去。毛泽建看见一具黑漆棺木的棺盖并未封严，就朝棺木盖猛地一拍："鲁庆煊，你还不出来吗？再不出来，我就把盖子封死。"吓得"鲁恶鬼"从棺木里钻了出来，答应负责佃户的全部安葬费，并赔偿 300 块光洋。

1926 年 3 月，陈芬筹建郴县总工会，开展剪发放足、反对买卖婚姻运动，创办干部学校，为党培养和输送了一大批骨干力量。同年 8 月，两人到衡阳县集兵滩等地开展农运工作。毛泽建带领农会纠察队，给对抗减租运动的"罗老八"戴上高帽子游街，围观群众拍掌叫好。

1927 年"马日事变"后，化名林青、毛达湘的陈芬和毛泽建，来到衡山县地下党员宾利用家里。8 月，陈芬在南岳召开会议，成立新的中共衡山县委，决定筹建工农革命军第 10 师，准备在 1928 年春节前夕举行年关暴动。然而，由于叛徒告密，以致多地党组织再次遭到破坏，年关暴动流产。1928 年初，毛泽建参加湘南起义。她带领游击队员刺探敌情、打击敌人，捕捉了一些反动头目，成长为远近闻名的"女游击队长"。

1928 年 4 月，得知朱德、陈毅率湘南起义部队已向安仁转移的消息后，陈芬决定留在耒阳坚持游击战。当时，反动势力非常嚣张，县挨户团团总杨云西尤其猖狂。陈芬打听到杨云西要同一个富商谈一笔生意，便以富商的名义请他到船上赴宴。杨云西上船后见势不妙，双臂却被"陪客"拧住。5 月，游击队与挨户团在夏塘铺遭遇，终因寡不敌众，两人不幸被捕，陈芬惨遭杀害。毛泽建被红军所救，由于即将临产，为了不拖累同志们便隐藏在一户农家。孩子出生后，哭声惊动了挨户团，毛泽建再次被捕。

仇人相见，分外眼红。俗话讲"无巧不成书"，审讯毛泽建的正是用金钱"开路"当上衡山县长的"鲁恶鬼"。为报"拍棺木盖"之仇、以泄私愤，鲁庆煊恶狠狠地说："姓毛的，今日落在我的手里，摆在你面前的只有两条路：一条是供出共产党的地下组织，登报自首；一条是砍脑袋，赴黄泉路。"1929年8月20日，毛泽建高呼："乡亲们，杀了一个毛达湘，千万个毛达湘会站出来！"

杜甫《朱凤行》诗云："君不见潇湘之山衡山高，山巅朱凤声嗷嗷。"被当地人称为"衡山朱凤"的一代女杰毛泽建，同丈夫陈芬一起为革命事业谱写了一曲壮丽的战歌。

浩然正气传千古

　　"谁无父母，谁无儿女，谁无情人，我们正是为了救助全中国人民的父母和妻儿，所以牺牲了自己的一切。我们虽然是死了，但我们的遗志自有未死的同志来完成。"

　　"我不能抚育你长大，希望你长大时好好读书，且要知道你的父母是怎样死的……望你好好长大成人，且好好读书，才不辜负你父母的期望。"

　　在中国人民革命军事博物馆的一个展柜中，并排陈列着两封烈士遗书：一封是丈夫陈觉，写给妻子赵云霄的遗书；另一封是妈妈赵云霄，写给襁褓中孩子的遗嘱。90 多年弹指一挥间，革命伉俪逝英年，浩然正气传千古。

我国著名史学家司马迁说过："常思奋不顾身，以殉国家之急。"正是基于这种精神，西汉名将霍去病深入漠北，血染征鞍，长啸"匈奴未灭，何以家为"；清朝名臣林则徐诗曰："苟利国家生死以，岂因祸福避趋之？"从这些形同遗书遗言中不难看出，不同历史时期都必须有血性之士。陈觉1923年与蔡申熙、左权等进步学生组织"社会问题研究社"，1925年加入中国共产党。赵云霄1924年考入保定第二女子师范学校，积极参加学生运动，1925年加入中国共产党。

1925年冬，陈觉、赵云霄作为第一批先进的中国青年，前往莫斯科中山大学学习。共同理想信念，让两人由相识到相知再到相恋。"回忆我俩在苏联求学时，互相切磋，互相勉励，课余时间闲谈琐事，共话桑麻，假期中或滑冰或避暑，或旅行或游历，形影相随。"在遗书中，陈觉对那段青葱岁月，有着美好回忆。在简朴婚礼上，两人宣誓以革命事业为共同的奋斗目标。

1927年9月，陈觉与赵云霄学成回国，先后在东北、湖南从事革命活动。他们组织游击队，建立小型兵工厂，发动醴陵年关暴动，带领农民开展武装斗争。1928年春，陈觉出任中共湖南省委特派员，并被派往常德组织湘西特委，赵云霄则参加组建中共湘南特委。同年9月，已怀有身孕的赵云霄被捕。一个月后，陈觉也在常德被捕。面对敌人的酷刑和威逼利诱，夫妻大义凛然、宁死不屈。多次审讯未果，反动当局以"策划暴动，图谋不轨"的罪名，判处两人死刑。

"云霄我的爱妻：这是我给你的最后的信了，我即日便要处死了，你已有身（孕），不可因我死而过于悲伤……"就义的前4天，陈觉写下这封饱含深情的遗书，于1928年10月14日壮烈牺牲。

闻此噩耗，赵云霄悲恸欲绝。4个月后，她在狱中诞下一女婴，取名"启明"，意为在黑暗中盼望破晓。小孩出生仅1个多月，赵云霄在遗嘱中写道："小宝宝，我很明白地告诉你，你的父母是共产党员……"1929年3月26日，给女儿喂过最后一口奶水后，赵云霄镇定地走上刑场，英勇就义。

一张永不褪色的照片

《刑场上的婚礼》影片中，有一个这样的镜头：铁窗下，男主人公缓步走到女主人公的面前，二人大义凛然，拍下临刑前的最后一张合影。这张永不褪色的照片，记录着两位革命烈士的动人故事，谱写了一首壮丽的英雄之歌！

男主人公原型，叫周文雍。就义前，他在监狱墙壁上写下一首不朽诗篇："头可断，肢可折，革命斗志不可灭；好汉头颅为党落，壮士身躯为群裂。"

女主人公原型，叫陈铁军。在生命的最后一刻，她做了一段慷慨激昂的演讲："为了革命利益，过去我们一直保持着纯洁的同志关系，今天，我要向大家宣布：让反动派的枪声，来作为我们结婚的礼炮吧！"

什么叫爱情？这或许就是千古绝唱的爱情吧！一对"弄假成真"的革命夫妻，一场把刑场作为结婚礼堂、把枪声作为结婚礼炮的爱情绝唱，让几代人为之动容、潸然泪下。

周文雍 1923 年加入共青团，1925 年加入中国共产党。为了追求进步，铁心跟共产党走，陈燮君改名为陈铁军，1926 年加入中国共产党。1927 年广州"四一五"惨案后，共青团广州地委书记周文雍，临危任命为广州工人代表大会主席，奉命和广东区委妇委委员陈铁军假扮夫妻，建立秘密机关，领导群众继续斗争。

那时，汪精卫、陈公博等人以鼓吹民主、自由为幌子，借机笼络人心。为揭穿他们的假面目，周文雍率领数千名工人在"葵园"门前喊口号，要求释放被捕工人。汪精卫派出大批军警镇压，周文雍受伤后被捕。俗话讲："魔高一尺，道高一丈。"为营救周文雍，陈铁军和战友们制订了一个计划：先让周文雍拒饮茶水，以引起"高烧"，说是患了伤寒；再发动狱中难友起哄，迫使敌人把他从监狱送进医院。最终，陈铁军带着便衣武装把周文雍救了出来。

　　1927 年 12 月 11 日凌晨，在张太雷、叶挺、恽代英、叶剑英、杨殷、周文雍、聂荣臻等领导下，震撼中外的广州武装起义爆发，给国民党新军阀以沉重打击。在激烈的鏖战中，建立了广州苏维埃政府，周文雍被选为人民劳动委员兼教育部部长。因力量悬殊，寡不敌众，广州起义以失败告终。周文雍率领部分起义武装，与 10 多倍于己的敌人短兵相接，杀出一条血路，突围撤离广州，辗转至香港，负责联络和安置撤到香港的同志。

　　周恩来说过：要像蚕一样，将最后一根丝都吐出来贡献给人民。1928 年 1 月，周文雍与陈铁军回到广州，重建党的机关，像“蚕”一样吐尽最后一根“丝”。1 月 27 日，两人一同被捕。在狱中，他们备受酷刑，坚贞不屈，敌人无计可施，决定判处他们死刑。

　　共同革命，并肩战斗，周文雍和陈铁军擦出爱情的火花。生命的最后时刻，举行刑场上的婚礼，两人表现出“无我”的革命精神和大无畏的英雄气概。

"解甲"忙"三农"

我自五一年跌伤后患脑震荡后遗症，时常晕眩，不适合做领导工作。但我的手脚还健全，可以劳动。请组织批准我回江西省莲花县当农民，和乡亲们一起建设社会主义新农村。

甘祖昌一连打了3次申请报告，妻子龚全珍回忆："他说自己回农村参加劳动，还可以发挥点作用。"经过再三研究，组织批准了他的请求。1957年，将军夫妇和孩子们从新疆回到阔别20多年的家乡。

从井冈山起步，历经长征和抗日战争、解放战争，甘祖昌足迹遍布大半个中国。新中国成立后，他历任新疆军区后勤部副部长、部长等职，1955 年被授予少将军衔。龚全珍 1949 年参加革命工作，1952 年加入中国共产党。

挑老红军的担子，不摆老干部的架子。回乡后，甘祖昌带领群众开沟排水、兴建水库。当时，他每月工资 330 元，却把 2/3 的工资，用来修水利、建校舍、扶贫济困，先后参与建起 3 座水库、4 座水电站、3 条公路、12 座桥梁、25 公里长的渠道。一首赞颂他的歌谣在当地传开："一身补丁打赤脚，一根烟斗没有嘴，白罗布手巾肩上搭，走路笔挺快如风。"龚全珍全力配合丈夫工作，当有人说甘祖昌帮村里修路建桥是"胳膊肘不能往外拐"时，她说这不是："对大家有益的事对我们自己本身也有益，我赞成。有钱出钱有力出力，大家齐心合力才能把事情做好。"

"甘祖昌的地位与我没有关系。我是有独立人格的人民教师，我跟他结婚之前第一个条件就是他不能随便调动我的工作。"龚全珍原是新疆军区八一子弟小学的老师，莲花县对她来说是一个完全陌生的世界。既听不懂当地方言，又不习惯当地饮食。龚全珍先分配在九都中学，后到南陂、甘家小学。无论在哪里教学，她都吃住在学校，全身心地扑在工作上。

"历览前贤国与家，成由勤俭败由奢。"1985 年，甘祖昌旧病复发住院。新疆军区来人慰问，提出让他到南昌定居。将军感激地说："感谢组织上和同志们对我的关心，我已经80岁了，还盖房子干什么？为国家节省点开支吧。"从农民到将军，又从将军到农民，甘祖昌之所以能上能下、能官能民，奉献一生、清贫一生、爱民一生，就在于他始终没有忘记"生自人民、来自人民"这个根本，心里永远装着老百姓。

1986年3月28日，将军永远地走了。龚全珍把对丈夫的思念写进日记："离开祖昌快两个月了，我很惦念他，和他生活在一起很幸福。虽然他是个很严肃的人，但他做的一切都是正确的。我应当以他为榜样，贡献出自己的一切。"

龚全珍加入县镇两级老干部宣讲团后，不时有人问她为什么不颐养天年？她的回答很诚恳：我觉得作为共产党员，能尽一份心就尽一份，能尽两份就尽两份。

共产党人自身的明镜

千里寻党，他怀抱怎样的党性？新婚别离，他坚守怎样的爱情？几番让衔，他高风亮节袒胸襟；一息尚存，他粉身碎骨印初心！一个"铁"字，概括了开国大将许光达的精髓。毛泽东感慨：这是一面明镜，是共产党人自身的明镜！

铁的信仰，千里寻党不放弃。1927 年，国民党在黄埔军校内部大肆清党。许光达在《学员政治面貌登记表》中填下："死不退出共产党"。南昌起义受挫后，他与党组织失联。1927 年 11 月到 1929 年 5 月，许光达当矿工、做苦力，跨长江、渡黄河，一心向党、四处寻党。

我俩的结婚整整已经有了十年，然而相聚的时间仅仅只有两个月零二十一天。不知流过了多少的伤心泪，也曾受尽了艰苦与辛酸，丝毫也不能摧毁我们铁的心愿。在生命的途上还会遇着狂风巨涛，像从前一样的冲破，我们永远的骄傲自豪！

铁的爱情，一封家书诉十年。1928年，许光达与邹靖华成亲，新婚第10天敌人包围村子，他消失在屋后竹林里。4年后，邹靖华收到鸿雁传书："桃妹子吾妻：余一切皆安，勿念。托人寄上法币一百元，以作求学之资。人不念书，不易明理，做人亦难，望设法求学，以慰我念，并祈求岳父大人相助。"根据信的指引，邹靖华考上长沙师范学校。1938年，她涉险赴延安，夫妻10年重逢，喜极而泣。

铁的意志，铁甲部队扬国威。毛泽东点将，出任装甲兵司令员的许光达提出："没有技术，就没有装甲部队。"1951年，志愿军坦克第一师入朝作战，"铁"的战斗，大扬国威。钢铁意志决定战争胜负，更是"铁甲司令"硬核精神。在一次战斗中，弹片打进心窝，没有麻药，许光达咬着毛巾，硬是让军医三次开膛，鲜血接了一脸盆。护士哽咽着说："从没见过这样刚强的人！"

"授我以大将衔的消息，我已获悉。我感谢主席和军委领导对我的高度器重，高兴之余，惶惶难安……为了安心，为了公正，我曾向贺副主席面请降衔。现在我诚恳、郑重地向主席、各位副主席申请：授我上将衔，另授功勋卓著者以大将。"

彭德怀说："这样的报告，许光达一连写了三份。"没有镜子看不清面目，难以整容颜、正衣冠。毛泽东手拿《降衔申请》，点着头说：不简单哪，金钱、地位和荣誉，最容易看出一个人，古来如此！接着他脱口而出：五百年前，大将徐达，二度平西，智勇冠中州；五百年后，大将许光达，几番让衔，英名天下扬。

铁的党性，主动让衔感世人，也体现于家庭家教家风。许光达与邹靖华团圆后，又经历各种磨难。因缺医少药，一岁多的女儿玲玲永远地"睡"去。夫妻从严要求子女，"不许打我的牌子"。对于兄弟手足也是铁面无私，决不予额外照顾。

真假夫妻共奏《红梅赞》

　　一本《红岩》百读不厌，一首《红梅赞》经久传唱，一部电影《江姐》红遍神州。书、歌、影中的主角原型江竹筠，1939 年加入中国共产党。1943 年，党组织安排她当彭咏梧的助手，做通信联络工作。

　　彭咏梧原名彭庆邦，1938 年加入中国共产党，1941 年任重庆市委委员，负责领导沙磁区、新市区一带的工作。他以伪中央信托局产物保险处职员身份作掩护，与江竹筠假扮夫妻，时常出入各种社交场合，团结了一大批进步人士。共同的信仰，让两人建立起深厚感情，并于 1945 年结婚。在革命工作中，这对真假夫妻共同奏响一曲《红梅赞》。

1947 年，在反内战、反饥饿、反压迫的学生运动高潮中，江竹筠受中共重庆市委指派，负责组织学生与国民党反动派进行英勇斗争。这年 10 月，彭咏梧到下川东组织领导武装斗争，江竹筠和他一起奔赴斗争最前线。1948 年 1 月，彭咏梧率游击队在奉、巫交界地——暗洞包突围时，为掩护身边的同志壮烈捐躯。"这条线的关系只有我熟悉，我应该在老彭倒下的地方继续战斗。"江竹筠强忍悲痛，毅然接替了丈夫的工作。

福无双至，祸不单行。"你们可以打断我的手，杀我的头，要组织是没有的。"1948 年 6 月 14 日，江竹筠不幸被捕，国民党特务用尽各种酷刑，妄想从她身上打开缺口，以破获重庆地下党组织。江竹筠坚贞不屈地说："毒刑拷打，那是太小的考验。竹签子是竹子做的，共产党员的意志是钢铁！"难友们对她表示无限的崇敬："你是丹娘的化身，你是苏菲娅的精灵；不，你就是你，你是中华儿女革命的典型。"

列宁说过，忘记过去等于背叛，遗忘历史就意味着背叛是派生的。今天，我们可用"忘记历史，就意味着背叛"来理解这句话的含义，让人们铭记那段腥风血雨的历史。1949 年 11 月 27 日，就在重庆解放的前三天，国民党特务将关押在渣滓洞、白公馆的 200 多名革命者秘密杀害，制造了震惊中外的

"11·27"大屠杀。

纵有万般柔情，为了革命胜利，为了人民幸福，可以抛弃一切、慷慨赴死——这就是共产党人的理想信念和钢铁意志，这就是革命先烈经受的考验和无畏的牺牲，这就是中国革命走向胜利的壮烈历程。在狱中，笔墨、纸张难以寻觅，江竹筠便将衣被中的棉花烧成灰，加上清水，调和成特殊的"墨汁"；再把竹筷子磨成"笔"，在如厕用的毛边纸上，给狱外一位亲友写下最后一封密密麻麻的家书："假如不幸的话，云儿就送你了，盼教以踏着父母之足迹，以建设新中国为志，为共产主义革命事业奋斗到底。孩子们决不要娇养，粗服淡饭足矣。"

"红梅花儿开，朵朵放光彩，昂首怒放花万朵，香飘云天外……"云儿，就是他们的独子彭云。彭咏梧牺牲时，彭云不满两周岁；江竹筠被特务杀害时，他才3岁多。

忠诚书写一抹"孤岛红"

开山岛位于我国黄海前哨,邻近日本、韩国公海交界处,面积仅 0.013 平方公里,距最近的江苏灌云县燕尾港约 12 海里。

1986 年,王继才登上开山岛后,妻子王仕花辞掉小学教师工作,以哨员的身份陪他守岛。他们每天升国旗,早晚例行巡岛,观察监视和报告海上、空中情况,反敌内潜外逃,防敌小股袭扰,协助维护社会治安,救护海上遇险船只和人员,完成守岛日记的记录。自此,开山岛有了一个新的名字——"孤岛夫妻哨"。

在岛上的每一天,都从升旗仪式开始。天刚蒙蒙亮,王继才夫妇就扛着国旗走向小岛后山。王继才负责展开国旗，喊一声响亮的"敬礼"。王仕花仰望着五星红旗敬礼，"尽管我的手举得不到位、不规范，但是，一腔热血在我的心中沸腾着。"

"升起国旗，就是要告诉全世界，这里是中国的土地，谁也别想欺负咱！"历史不会忘记，也不能忘却。知道日军曾以开山岛为跳板入侵大陆的王继才认定：在这座岛上国旗比什么都重要。于是，夫妻两人坚持每天把五星红旗从这里升起来。

一座岛一面旗，这里就是中国。为保证每天升旗，王继才夫妇遭遇不少困难。有一次，台风刮了17天，持续好几天的大雨将被褥等生活用品全打湿，用于照明的煤油等必需品也相继断了，两人面临着前所未有的饥饿和寒冷。当渔民们上岛时，他们饿得连话都说不上来。"当时我发了39度的高烧，3天多没有进食。"王继才曾回忆道，"尽管大风大雨肆虐了那么多天，我们还是坚持每天升国旗、收国旗，那面五星红旗始终高高飘扬。"

还有一次台风来袭，王继才脑子里全想着国旗。他顶着狂风，跌跌撞撞爬到山顶，奋力把国旗降下来。回来时，一脚踩空，滚下17级台阶，肋骨摔断两根，人差点被吹进海里卷走，可手里还紧紧抱着那面国旗。第二天赶来的渔民把他接下岛，送进医院，并劝王继才：为一面旗摔成这样，如果真的命没了，值得吗？他说："守岛这么多年，开山岛就是我的家，如果哪天真出事了，就把我埋在岛上，让我一辈子陪着国旗！"

守岛就是守国，守岛也是守家。20世纪80年代上岛，他说这是国家交给的任务；90年代，他继续坚守是履行对上级的承诺；2003年10月，王继才面对党旗庄严地宣誓："对党忠诚，积极工作……"一年又一年，守岛从有期限的任务，变成终生的使命。

沙砾上立不起刚壁千仞，水面上浮不起泰山万钧。海风呼啸32年间，王继才却用忠诚书写了一抹"孤岛红"，让孤岛上永远飘扬着一抹令人魂牵梦绕的红色。2018年7月27日，他倒在开山岛的台阶上。哨所的营房里，一面国旗整整齐齐地放在桌上，这是王继才升过的200多面五星红旗中最后一面。

播撒知识到彝寨

蓝天白云，青山绿水，不时薄雾腾挪而上……在游人眼中，海拔 1800 米的四川甘洛县二坪村美如仙境，称得上世外桃源。可谁会想到 30 年前的二坪村，荒凉而贫穷。老人们穿得破破烂烂，衣不蔽体，小孩子打着赤条，到处乱跑。

读书是获取知识、开启智慧之门的钥匙，正如英国哲学家弗朗西斯·培根所说："知识就是力量。"1990 年，当过民办教师的李桂林，听说已停办 10 多年的二坪村小学准备复课，就打算到这个山村去看看。那时，他只知道二坪村很穷，山路难走。当跋涉近 10 个小时来到村里时，李桂林才发现，远比他想象中要落后。听一个老乡讲，全村 400 多人，几乎没人识字，没人会算账，下山后上厕所都没法子。"二坪村太需要老师了！"震惊之余，他决定留下来教书，播撒知识到彝寨，改变山村面貌，改写孩子命运。

二坪村地处大渡河峡谷、山高路险，几架靠在崖壁上垂直而立的木梯，就是与外界联系的通道。二坪村小学四周环万丈深渊，有个为外人熟知的名字："天梯"小学。住在山下和山腰的学生，每天背着书包、爬着"天梯"上学。

苏联作家马克西姆·高尔基说："知识是人类进步的阶梯。"而走上"阶梯"，先得爬上"天梯"。李桂林到这里的第二年，妻子陆建芬也来到二坪村教书。为此，学校开始招收新生、增加班级，让更多的孩子爬上"天梯"。从此，"天梯"两头多了两个护送学生的身影。寒冬酷暑，春去秋来，从未间断。1996年，他们带的第一届学生毕业，成绩在全县同类学校中名列前茅。那一刻，夫妻两人感到无比幸福与快乐。这一年，李桂林加入中国共产党，考入会理师范学校，1998年转为公办教师。

进入21世纪，二坪村小学的条件逐步改善。村里通公路、亮电灯，学校就像精心打扮过的小姑娘越来越漂亮，孩子们有了宽敞明亮的教室，有了平整开阔的操场。陆建芬感慨地说：

"我希望这群孩子能努力学习,把自己的家乡建设得更好。"夫妻两人坚持用知识"阶梯",为一批又一批孩子走出山村架起"人梯"。

30 年来,李桂林夫妻培养了好几百名学生。其中,有不少是从外村慕名而来的。许多孩子走出大山,在全国各地、各行各业,为祖国建设贡献着力量。二坪村也早已把"文盲村"的帽子,甩到了悬崖谷底。当地百姓常念叨:李桂林、陆建芬就像索玛花一样,红遍大小凉山。

人生不是美丽而奉献,而是奉献更美丽。李桂林、陆建芬不是没想过下山,也不是没有好的岗位离不开二坪村,而是爱心与希望,让他们放心不下彝寨。靠着微薄的收入,夫妻两人用奉献照亮着这片青山绿水。如今的二坪村,早已变成崭新的二坪村。李桂林说,我们要继续当好人民教师,甘为孩子们的"人梯"。

第十章　国际友谊

国之交在于民相亲，民相亲在于心相通。当今世界正经历百年未有之大变局，和平、发展、合作、共赢已成为时代潮流。人类生活在同一个"地球村"里，生活在历史和现实交汇的同一个时空里，越来越成为你中有我、我中有你的命运共同体，必须携起手来、并肩同行。

暮色苍茫看劲松　乱云飞渡仍从容

　　友谊不是偶然的选择，而是志同道合的结果。1940年，冼星海与袁牧之同赴莫斯科。后因苏德战争爆发，他辗转来到阿拉木图。在贫病交加时刻，作曲家巴赫德让·拜卡达莫夫让他有了一个比较稳定的"家"，音乐家伊万诺夫·萨科里斯基等朋友也邀请他去"做客"。冼星海和他们的历史情谊，见证了中国和哈萨克斯坦的传统友谊。不管《红楼梦》中的家庭之事"不是东风压了西风，就是西风压了东风"，还是目前国际形势的特点是"东风压倒西风"，终将走向"太平世界，环球同此凉热"。这合乎中华文化的"大同"理想，合乎马克思主义揭示的人类社会发展规律。

两国人民的友谊象征

　　"斯特朗生于美国，死于中国，她是中美两国人民的共同骄傲，又是两国人民的友谊象征。"作家安娜·路易斯·斯特朗先后6次来华访问，见证中国近半个世纪的风云变幻，坚持向全世界宣介中国的革命与建设情况。

　　从松花江畔到海南岛的椰林，从喜马拉雅山脚下的拉萨城到东海之滨的渔村，斯特朗和工人、农民、战士们谈话，广泛搜集资料，然后进行写作。她是中国人民的一位诚挚朋友，为增进中美两国人民的了解和友谊，作出了重大贡献。

　　1925年首次来到广州，报道和支持省港大罢工，采访罢工领导人苏兆征。1927年第二次来中国，深入湖南农村报道轰轰烈烈的农民运动，并预言："正是这些农民和工人将会有勇气把他们的国家从封建时代推进到现代世界中去。"这两次来华之行后，斯特朗写成《千千万万中国人民》一书。

1937年7月7日的卢沟桥事变，标志着中国抗日战争全面爆发。斯特朗第三次来中国，赴山西八路军总部采访朱德等人后，她出版反映抗日民族统一战线的《人类的五分之一》一书。1941年1月6日，皖南新四军军部直属部队等9000余人，在叶挺、项英等率领下，到达泾县茂林地区时，遭到国民党7个师约8万人的突然袭击。这就是震惊中外的皖南事变，是国民党第二次反共高潮的高峰。斯特朗来重庆见周恩来，获得皖南事变第一手材料，并如实报道事实真相，在国际上产生了积极影响。

1946年，第五次来中国的斯特朗，其足迹遍及华北和东北解放区，并在延安住了数月。毛泽东在杨家岭会见斯特朗，发表了著名的论断"一切反动派都是纸老虎"。斯特朗称颂"All the reactionaries are the Papertiger"，是"现时代的伟大真理"，这一论断"照亮了世界大事的进程"。她的《中国人征服中国》一书，也是在这次会见后写成的。

1958年，斯特朗第六次来访中国，并定居北京。生命的最后 12 年间，她先后撰写了《中国为粮食而战》《西藏见闻》《西藏农奴站起来》等书籍。从 1962 年开始，应各国读者要求，斯特朗定期编写《中国通讯》。即便在病危期间，她仍在考虑第 70 期的内容，坚持向世界各国人民报道中国社会主义革命和建设的成就。

斯特朗的一生，是光辉的一生，是战斗的一生。早在青年时期，她就投身于进步的社会活动，积极反对第一次世界大战。1919 年，在反对美国垄断资本的西雅图总同盟罢工中，斯特朗担任报刊编辑工作。她到过苏联、西班牙、波兰等国家，采访报道这些国家和人民的革命斗争。斯特朗写作精益求精，总是先考虑读者的兴趣和要求，每篇文章至少撰写两三遍，有时甚至七八遍，直到自己满意时为止。

宋朝诗人潘阆在《酒泉子·长忆观潮》中有云："弄潮儿向涛头立。手把红旗旗不湿。"斯特朗何尝不是一个这样的"弄潮儿"？她的大无畏革命精神，忘我工作热情，彰显真理伟力和人格魅力，深受中国人民和世界进步人民的赞扬。

悉心作"总司令传"

"我希望您和毛泽东还是 30 岁,但是,我也知道在你们的前头仍有很多岁月。假如哪一天我能重返中国,我一定要亲一亲它的土地",在给朱德的信中,美国作家艾格妮丝·史沫特莱这样写道。

1946 年 12 月 1 日,朱德六十寿辰。在祝词中,周恩来为何说"亲爱的总司令,你的革命历史,已成为二十世纪中国革命的里程碑"?这是因为,史沫特莱正在写作《伟大的道路——朱德的生平和时代》一书。1937 年,史沫特莱到达延安,对朱德进行专门采访后,就决定撰写这部传记。为搜集素材和资料,在她的恳切要求下,朱德每周抽出两三个晚上与之交谈,共进行了几十次。抗日战争全面爆发后，朱德上了前线。不久，史沫特莱也来到前方，继续在战斗和工作中以及球场上，仔细观察朱德达一年之久。

1945年夏天，史沫特莱往花瓶里插上楠木枝，那是挂念童年在楠木林中度过的朱德。在这种充满着浓厚中国气息的环境中，她不仅忠实地叙述朱德六十年的革命生涯，而且生动地描绘毛泽东领导的中国革命历史壮丽画卷，还精心地记录周恩来介绍朱德加入中国共产党的细节。正是对中国人民革命事业的深厚感情，让《伟大的道路——朱德的生平和时代》具有很大的感染力。这部巨作与《西行漫记》并列，在西方学术界一直被列为研究中国当代历史的经典著作，已出版日、德、俄、法等八个语种的译本。

朱德的伟大道路，史沫特莱写作这部40万字著作的艰辛之路，让人不禁想起鲁迅《故乡》中的名句："希望是本无所谓有，无所谓无的。这正如地上的路；其实地上本没有路，走的人多了，也便成了路。"不言而喻，路是人走出来的，但充满崎岖与艰险。1950年史沫特莱去世，直至1956年，《伟大的道路——朱德的生平和时代》才得以问世，1979年出版中译本。

"我是一个美国人，但我是忠于中国的。"史沫特莱是中国人民忠实的友人，被周恩来誉为"一个伟大的美国人"。自 20 世纪 20 年代开始了解中国以后，她就致力于介绍中国，并服务于中国人民的革命事业。1933 年出版的《中国人的命运》，可以说是中国农民的血泪史。1934 年出版的《中国红军在前进》，第一次把中国共产党和工农红军的真相告诉了全世界。史沫特莱曾穿梭于炮火纷飞的中国抗日战场，出版了《中国反攻了》《中国之战歌》，并鲜明地指出：领导中国人民坚持抗日战争的是中国共产党。

"我将支持新中国直到我死的那一天，我要尽一切力量声援中国。"史沫特莱，是一位把毕生与中国命运连接在一起的传奇女士。按照她的遗嘱，史沫特莱的骨灰安放在北京八宝山烈士陵园的苍松翠柏间，一块大理石墓碑上，用金字镌刻着朱德撰写的碑文：中国人民之友美国革命作家史沫特莱女士之墓。

筑起共产党人精神高地

　　《纪念白求恩》是"老三篇"之一，1939 年毛泽东发表此文，高度赞扬白求恩伟大的国际主义和共产主义精神，毫不利己专门利人、对工作极端负责任和对技术精益求精的精神。加拿大籍共产党员诺尔曼·白求恩，用自己的人生选择和价值追求，筑起共产党人精神高地。

　　何谓共产党人精神高地？毛泽东用"五个人"来形容：做一个高尚的人、纯粹的人、有道德的人、脱离了低级趣味的人、有益于人民的人，形象地诠释了这一"精神高地"。

　　追求真理，为共产主义事业不懈奋斗，成为追求高尚的榜样。1936 年，白求恩志愿去西班牙参加反法西斯斗争。1937

年，他在讲演中表示：真正的战斗是在中国，那里的斗争，决定着我们这个世界的命运，我要和他们一起战斗。1938年3月，毛泽东在延安会见白求恩；尔后，他带着医疗队转战晋察冀边区多个战场，火线救死扶伤。

"你们不要拿我当古董，要拿我当一挺机关枪使用。"纯粹就是干净坦荡无杂念，白求恩是一个纯粹的人。初到战场，他精心建起一所模范医院，后遭日军破坏。为适应战争需要，他总结经验教训，很快改变方法，建立"战地流动医疗队"，编写教材并亲自授课，帮助八路军培养了一大批急需的医护人员。1939年10月，白求恩在抢救伤员时，左手中指不慎被手术刀割破，但他不顾伤痛，发着高烧，坚持留在前线，指导战地救护工作。

德积者昌，殃积者亡。白求恩对伤病员、对战士、对群众极端热忱，树立起崇尚道德的典范。哪里有战斗，他就在哪里。为减少伤员的痛苦和残废，白求恩把手术台设在离火线最近的地方，一次竟连续为115名伤员做手术，持续时间达69个小时。有时炮火逼近，也不肯撤离。

低级趣味是对高尚的腐蚀。白求恩说过，中国共产党、中国人民的革命斗争给他极深刻的影响。他把在中国参加抗战的 22 个月，视为生平最愉快、最有意义的时光。白求恩唯一的希望，就是多作贡献。他以年近 50 之躯，多次为伤员输血，临终前的最后一句话是："努力吧！向着伟大的路，开辟前面的事业！"

为人民利益而死，就比泰山还重。来中国，原本有美国医生同行；可启程前，他们打了"退堂鼓"。白求恩言必信、行必果，带着一位加拿大护士和价值 5000 美元的医疗器械，义无反顾地向中国前行。他把通过共产主义制度，建立起让所有人都能平等享受医疗服务的体系，作为毕生追求的目标。

一个外国人，毫无利己的动机，把中国人民的解放事业当作他自己的事业，这是什么精神？毛泽东说，这是国际主义的精神，这是共产主义的精神，每一个共产党员都要学习这种精神。

雄鹰为正义与和平而战

英雄的名字不能忘却，英雄的事迹需要弘扬。库里申科与中国人民到底有着怎样的故事？毛泽东在《论人民民主专政》中说，我们在国际上是属于以苏联为首的反帝国主义战线一方面的，真正的友谊的援助只能向这一方面去找。这是正义与和平的希望。1939年6月，库里申科和考兹洛夫受苏联政府派遣，率两个"达沙式"轰炸机大队来华援助抗日。

成都太平寺机场，是库里申科飞行大队的驻营地，也是训练中国飞行员的"军校"。到中国的第一天，库里申科就投入紧张的工作。连续一个多月的夜间航行教练后，翻译员劝他好好休息一下。库里申科充满正义地说："说实话，我像体验着祖国的灾难一样，体验着中国人民正在遭受的灾难，每当我看到被日本飞机炸毁的建筑物和逃难的人群就难过，我们一定要敌人付出加倍的代价。"

"是飞机操纵他，还是他操纵飞机？"有一次，库里申科让翻译员问一个两点落地后机身跳动严重的飞行员。这个飞行员低着头，羞惭得不作声。然后，他讲飞机是国家的财产，中国在抗战，从苏联运飞机到中国不是件容易的事情，损坏一架就少一架，损坏一条钢线都要到万里以外的地方去补充。日常训练中，库里申科详细地讲解飞机性能、特点，把先进的操作技术，倾囊相授中国飞行员。他以朴素、坚实、谦逊、热情、友好和对工作一丝不苟的态度，赢得中国飞行员的尊敬与赞誉。

三个月过后，反击战打响。1939 年 9 月 29 日，库里申科率飞行大队轰炸日寇占领的广州机场，炸毁日机数十架，敌军汽油仓库被炸着火。10 月 3 日，飞行大队空袭日寇占领的汉口机场，消灭和重创日军飞机 84 架，日军"空中武士""空中四王牌""空中海盗"等精锐飞行大队被尽数摧毁。

溯时光长河而上，回望 1939 年 10 月 14 日。下午 2 点，库里申科接到作战任务，出击日寇某军事基地。他立即率队驾机沿扬子江飞去，飞临武汉上空时，遭日寇机群拦截，展开了一场激烈的空战。库里申科沉着指挥机群，对敌机展开攻势，6架敌机被击落。疯狂的敌人却以3架米式战斗机，包抄他的领航机，飞机遭到重创，单机冲出重围，单靠右边的一个发动机返航。到达万州上空时，机身失去平衡，无法控制。库里申科凭借高超的技术强行迫降，飞机平稳地降落在扬子江心。轰炸员和射击员跳水游到岸上，经几小时激烈战斗的他，却再也无力跳出机舱。

今天，库里申科被安葬在风景秀丽的万州区西山公园。曾经，有一个出生于乌克兰的英雄，不远万里来到中国，打跑了日本侵略者……人们倾听着库里申科的故事，英雄从未被忘记。

告诉世界一个"红色中国"

80 多年前，美国记者埃德加·斯诺冒险进入陕北苏区，创作出纪实文学作品《红星照耀中国》，第一次向世界全面、真实地介绍中国共产党，告诉世界一个"红色中国"。翻译家萧乾说过，翻译是跨越地域、种族和语言的活动。《红星照耀中国》已被译成德、法、日等 20 多种语言，向全球发行。

1928 年，斯诺来上海见到宋庆龄和鲁迅后，引发他对记录中国人民苦难的兴趣。后来，斯诺对萧乾说，"鲁迅是教我懂得中国的一把钥匙"。1936 年 6 月，怀着"拿一个外国人脑袋去冒一下险"的心情，他前往陕北苏区访问。一进入"红色中国"，就得到周恩来"见到什么，都可以报道，我们要给你一切帮助来考察苏区"的承诺。采访中，斯诺获得许多一手材料，感受到一种独特的"东方魔力"，并断定这是古老中国的"兴国之光"。

来苏区前，斯诺受到"红军是一批顽强的亡命之徒和不满分子"传言的影响。在陕北，他听到老百姓把红军称为"我们的军队"，看到红军战士路过野杏林时去摘野杏，走过私人果园时却没人碰里面的果子。斯诺还发现红军的"全国性"，他们的籍贯和方言不一，却不影响团结；大部分是青年农民和工人，认为自己是为家庭、土地和国家而战斗；尽管身上伤痕累累，但对革命充满乐观。

在保安，斯诺见到毛泽东，听他讲共产党的基本政策、抗日战争、红军和国民党军队合作等问题，说自己的身世。作为第一个采访毛泽东的外国记者，斯诺在书中这样描述："他有着中国农民的质朴纯真的性格，颇有幽默感，喜欢憨笑……但是这种孩子气的笑，丝毫也不会动摇他内心对他目标的信念"，毛泽东"每天工作十三四个小时，常常到深夜两三点钟才休息。他的身体仿佛是铁打的"。

在西征战场上，斯诺向战士们详细了解长征的情况。他将长征称为"军事史上的伟大业绩之一"，叫作"历史上最盛大的武装巡回宣传"。斯诺见证了苏区的蓬勃发展:"不论他们的生活是多么原始简单,但至少这是一种健康的生活,有运动、新鲜的山间空气、自由、尊严、希望,这一切都有充分发展的余地。"

四个月后,斯诺回到北平,奋笔疾书。1937 年,《红星照耀中国》在英国一经问世,就引起轰动。一年后,它的第一个中文全译本在上海出版,改名为《西行漫记》。

文学语言有着巨大的力量。受纪实文学作品的影响,一批批爱国青年和外国友人奔赴延安。白求恩曾在书信中告诉友人:"要问我为什么去中国,请读埃德加·斯诺的《西行漫记》和史沫特莱的《中国红军在前进》,读后你们必将与我同感。"

新中国卫生事业的先驱

　　1972 年 1 月 24 日，埃德加·斯诺凝视着从中国赶来探望他的好友说："乔治，我羡慕你！我常想，如果当时我也像你一样留在延安，我今天的境况将是怎样的呢?"这个被称为"乔治"的人，名叫乔治·海德姆——第一位加入中国共产党的外国人，新中国成立后第一位加入中国籍的原外籍公民。1988年 9 月，卫生部授予他"新中国卫生事业的先驱"荣誉称号。

　　1936 年，乔治·海德姆和埃德加·斯诺一起来保安访问，并自愿留下来参加中国工农红军。十个回回，九个"马"。不久，乔治·海德姆随周恩来到宁夏工作，看到边区大多数回族兄弟姓"马"，便把海德姆改成马海德。从这以后，美国青年乔治成了"马大夫"。

"从此我能够以主人翁的身份，而不是作为一个客人置身于这场伟大的解放事业之中，我感到极大的愉快"，1937年加入中国共产党的马海德如是说。随后的工作中，他以崇高的国际主义精神和精湛的医术为解放区军民服务，并帮助新华社创立英文部，经常为中央出版的对外宣传刊物——《中国通讯》撰写稿件。1938年，马海德通过"保卫中国大同盟"，经常向海外呼吁，边区由此获得许多急需的医疗器材和药品。1942年，调到延安国际和平医院工作后，他接待过白求恩、柯棣华等外国医生，并协助他们去各抗日根据地开展医疗救护工作。仅在1944年至1947年，马海德就诊治疗伤病员达4万余人次。

"秉博爱之心，施精湛之术，辨证有方，活人无算。国初首入华籍，更殚厥心，遍驰其迹，倾力于防治麻风之鸿业，泽被杏林。"这是对马海德的一生写照，更是褒奖和赞誉。1949年，马海德申请加入中国国籍；1950年，他被任命为中华人民共和国卫生部顾问。卫生部成立专家局后，决定给外国专家涨工资。他拒绝领取，并说："我是中国人，不是外国专家。"

"不要因为我的鼻子高，就对我特殊照顾，我也是中国的一分子！"新中国成立后，马海德主要致力于性病、皮肤病和麻风病防治与研究工作，一边对外宣传中国在消灭性病、麻风病方面的经验和成就，一边引进国外治疗麻风的新技术，广泛争取国际支援。他先后抱病出访 10 多个国家，争取到价值上千万美元的药品、医疗器械等援助。

　　尊重科学、运用科学，马海德强调防治麻风病由住院隔离治疗转变为社会防治、由单一药物治疗转变为多种化学药物联合治疗、由单纯的治疗转变为治疗与康复并重、由专业队伍孤军作战转变为动员全社会力量共同作战，实现了"四个转变"。积极推动中国麻风病防治协会、福利基金会和防治研究中心在广州成立，并组织在中国召开了第一届国际麻风病学术交流会。截至 1986 年底，强杀菌联合药疗在全国麻风防治工作中得到推广，使麻风病人的治疗有了可靠的保证。

医士之光辉耀两大民族

　　"我已递交了申请，希望通过展现我的真诚和优点能被选上。"1938年7月，印度国大党决定派一支小型医疗队到中国支援抗日，柯棣华积极报名参加。一个多月后，他踏上远赴中国的邮轮，从此再没有回到家乡。1942年12月9日，毛泽东在挽词中称赞他：全军失一臂助，民族失一友人。柯棣华大夫的国际主义精神，是我们永远不应该忘记的。

　　柯棣华，原名德瓦卡纳思·桑塔拉姆·柯棣尼斯柯棣，柯棣是姓氏。"不到延安不罢休"，1939年2月，这支医疗队经过艰苦斗争和长途跋涉到达延安。毛泽东在会见所有成员时说，你们每个人姓氏后都加了"华"字，是真心诚意援华啊！

延安平等和自由的气息,让柯棣华、爱德华、卓克华、木克华、巴苏华 5 人为之振奋。

1940 年 3 月,柯棣华进入晋察冀边区,随部队转战数千里,亲自参加了一次伏击日寇列车的战斗。他说:"我虽然没有上过抗大,但这一次也算是参加了一所新型的战斗大学了。"在百团大战期间,柯棣华到距火线仅一二里处设立救护所。有一次,他在手术台前连续工作 46 个小时,在战斗进行到短兵相接的阶段,同志们一再要求他撤下,可柯棣华坚决不肯,甚至发起火来:"为什么叫我下去!假如我不能和你们同生死,就不配在八路军里工作!"

"我决不辜负你们的希望,也决不玷污白求恩的名字,我要像他一样,献身于你们和我们的,也属于全人类的反法西斯事业"。1941 年 1 月,柯棣华担任白求恩国际和平医院院长。当月 16 日,他给巴苏华写信:"你离开一个月之后,敌人的扫荡如期而至。这次敌人可不是闹着玩的,出动了两万人,有一个月的时间我们都是在敌人的眼皮底下行军。"在艰苦卓绝的反"扫荡"作战中,柯棣华仅 1941 年就指导完成了 450 多例外科手术。

柯棣华与战友们一起吃小米饭、黑豆,宁肯自己一针一线缝补旧军衣穿，也不领新军装。行军时，他把马让给伤员骑，把草帽摘下给伤员遮挡风雨。正因为如此，这位黑皮肤的印度青年，悄悄地走进了郭庆兰的心里。革命的思想和纯真的爱情，超越国籍不同的障碍，把两位志同道合的青年连在一起。1941 年 11 月 25 日，在河北唐县葛公村一间老乡的屋子里，他们举行了极其简单却不平常的婚礼。第二年 8 月，郭庆兰生下一个男孩，聂荣臻给这个男孩起了个富有意义的名字——印华。

1942 年 7 月 7 日是全国全面抗战爆发五周年纪念日，这位印度医士站在党旗下庄严宣誓——我自愿加入中国共产党。同年 12 月，柯棣华在写讲义时突然发病，经抢救无效病逝。朱德为他的陵墓题词：生长在恒河之滨，斗争在晋察冀，国际主义医士之光，辉耀着中印两大民族。

"不问西东"献身传播事业

熟悉中国，了解世界，用外国人易于乐于接受的方式，讲述中国故事，是伊斯雷尔·爱泼斯坦的毕生追求。从 16 岁起，他见证并记录着中国的发展变迁，"不问西东"把全部精力奉献给了新中国的对外传播事业。

爱泼斯坦又名艾培，出生于波兰。1917 年，随父母来华，从此与中国结下不解之缘。抗日战争时期，作为美国合众社记者，他奔赴南京、广州等前线战场采访；并在陕北和晋绥抗日根据地，采访了毛泽东等领导人。1939 年，在伦敦出版专著《人民之战》，以亲身见闻讲述中国人民的抗战历程。1941 年，他制造自己死亡的假新闻，瞒过日本政府的逮捕，却在香港被抓入集中营，直到 1942 年 3 月 18 日，在邱茉莉的帮助下才成功越狱。1944 年离开中国后，他又在美国出版《中国未完成的革命》《中国劳工札记》等著作，继续向外国读者介绍中国革命。

"我爱中国，爱中国人民，中国就是我的家，是这种爱把我的工作和生活同中国的命运联系在一起。"因为这种爱，1951 年应宋庆龄之邀，爱泼斯坦克服重重困难，从美国绕道波兰抵达北京，参与筹办外宣杂志——《中国建设》英文版。杂志初创时期，由于在北京没有办公室，爱泼斯坦和同事们就在公园里讨论稿件。北京没有外文印刷厂，杂志只能在上海印刷，他就每隔一个月，远赴上海查看清样。那时，从北京坐火车往返上海需要四天四夜。为了这本杂志的发展，爱泼斯坦几十年如一日，倾注了大量心血。1990 年 1 月，《中国建设》易名为《今日中国》，已发展成拥有中文、英文、法文等多语种的综合性月刊。

"不问西东"献身传播事业，爱泼斯坦远不只是办好《中国建设》一事。在《人民中国》杂志，在外文出版社，他都担任过改稿专家；《毛泽东选集》《邓小平文选》以及大量重要党政文献的英译稿，爱泼斯坦均参与定稿。他还撰写《从鸦片战争到解放》一书，帮助受过西方教育的读者真正了解中国近代史。

"我们有责任向世界解释几十年来在那里发生的变化。"从1955年到1976年，爱泼斯坦三次赴西藏采访，先后访问近千人，记录了3000多页、近百万字的笔记。他认真阅读海外出版的各种有关西藏书籍，以期更有针对性地写作。历经近30年积累，他的名著《西藏的变迁》于1983年问世，将一个真实可感、不断进步的西藏，呈现在世人面前。

1957年爱泼斯坦加入中国国籍，1964年加入中国共产党。"在我生命的夕阳余晖里，有人也许会问：你对自己选择的生活道路是否后悔？在历史为我设定的时空中，我觉得没有任何事情比我亲历并跻身于中国人民的革命事业更好和更有意义。"在《见证中国》的回忆录里，爱泼斯坦写下以上话语。

百年老人爱中国一生

"我今年104岁了，我一生中大部分时间都在中国度过，我见证了中国的许多变化，看到中国人民在中国共产党领导下进行英勇斗争，看到中国妇女的地位有了很大的提高。我不仅看到，还参与了这一伟大的社会变革——这让我感到无比荣幸！"伊莎白·柯鲁克是中国革命、建设、改革的参与者和见证者，爱中国爱了一生。

出生在成都，扎根在中国，伊莎白深爱着中国这片广袤的土地。在加拿大完成学业后，1938年伊莎白回到中国。刚开始，她在一个少数民族村子做社会调查。从那时起，对中国社会特别是中国农村的关注与调查，持续了她的一生。

20世纪40年代初，伊莎白在璧山兴隆参加乡村建设项目，后写成《兴隆场——抗战时期四川农民生活调查（1940—1942)》和《战时中国农村的风习、改造与抗拒——兴隆场（1940—1941)》。这两本著作，记录着当地历史沿革、政治、经济、婚姻、妇女、法律诉讼、民间信仰等方面的信息，保存了大量的鲜活事例。1981年至2004年，她6次重回故地访友调研，并设立"伊莎白·柯临清助学基金"，长期资助贫困学生，被当地政府授予"重庆市璧山区荣誉市民"。

1947年11月，伊莎白和丈夫大卫·柯鲁克以国际观察员的身份，来到河北武安县十里店村。1948年初春，加入由晋冀鲁豫中央局机关报——《人民日报》的编辑、记者组成的12人土改工作队。夫妻两人观察和采访土改复查和整党运动的整个过程，完成了社会调查著作：《十里店（一）中国一个村庄的革命》和《十里店（二）中国一个村庄的群众运动》。这两本书，真实记录了中国新民主主义革命的一个重要阶段，成为蜚声海内外的社会人类学名著。

北京外国语大学终身荣誉教授，1980年国务院批准认定的第一批"外国老专家"。1948年，伊莎白和丈夫打算回国，辞行之时，时任华北局书记薄一波挽留他们到"石家庄外语训练班"，即北京外国语大学前身工作。伊莎白回忆说："结束十里店的调查后，我们来到石家庄外语训练班教英语，并决定留在中国，这一留就留了近 70 年。我很高兴在中国度过了大半生，能够亲身经历一个重要的历史时期是一件很有意义的事。"伊莎白和丈夫参与创建北京外国语大学，开始在新中国英语教学园地 60 多年的开拓和耕耘，成为新中国英语教学的拓荒人。

中国社会发展进步的历史进程，充满着东西方文明的碰撞与融合。伊莎白夫妇勇于并善于在英语教学、教育改革等方面革故鼎新，为新中国培养了大量外语人才，真可谓桃李满天下。如今，他们的许多学生仍活跃在中国外交和英语教学领域。伊莎白为中国革命和教育事业倾尽一生，为中国对外友好交流作出了突出贡献。

荣誉属于过去更代表未来

　　庆祝中华人民共和国成立 70 周年之际，6 名外国政要、国际友人获得"友谊勋章"。他们满腔热忱支持中国现代化建设，为促进中外交流合作，维护世界和平，作出了杰出贡献。加林娜·维尼阿米诺夫娜·库利科娃，就是其中的一位。

　　荣誉属于过去更代表未来，是肯定更是激励。"这份荣誉属于我个人，更属于和我并肩协作、为俄中友谊作出贡献的人们。这份荣誉也属于相信俄中两国能共同创造美好未来、致力于全面加强俄中关系的所有俄罗斯人。"库利科娃是继弗拉基米尔·弗拉基米罗维奇·普京之后，第二位获得中国"友谊勋章"的俄罗斯人。

新中国成立的喜悦传到苏联,回荡在诗人的诗篇里,音乐家的歌曲里。年仅 14 岁的库利科娃,对这个新生大国产生浓厚兴趣,并告诉自己:"我将来要研究这个国家!"怀揣着梦想,她考入莫斯科国际关系学院学习汉语。上大二时,北京市实验话剧团和广东民族乐团来苏联演出,库利科娃担任翻译。几个月下来,她与年龄相仿的中国演员结下了深厚友谊。"那些年轻人活泼开朗,积极向上,每天都在努力工作和学习。当时我就坚信,中国是一个有着光明未来的国家。"

为艺术大师梅兰芳担任翻译,被库利科娃写进《俄罗斯和中国:民间外交》一书。1935 年,中国京剧团在苏联巡回演出前夕,著名导演谢尔盖·爱森斯坦就把梅兰芳称为"梨园仙子"。四分之一世纪以后,梅兰芳再次来到苏联,他表示想去 1935 年巡演的斯坦拉夫斯基和聂米罗维奇——丹钦科剧院。作为翻译的库利科娃,被指派陪同梅兰芳一起去。当指挥告诉观众,世界著名的京剧大师梅兰芳前来观看演出时,所有人起立鼓掌。

1957 年参与创建苏中友协,1960 年进入苏联对外友协工作,1989 年当选苏中友协第一副主席。库利科娃长期工作在民间外交的第一线,毕生致力于推动俄中友好合作,是许多重大历史事件的见证者。"我要记录下那些曾经一起共事的两国朋友,那些像天上星辰一样闪光的人们。"忆起往事,她激动地说,令人终生难忘的是,我有幸参加了中国国务院总理周恩来,中国人民的伟大女儿、中苏友协会长宋庆龄,中国共青团中央第一书记胡耀邦,对我们友协代表团的接见活动。

进入 21 世纪,俄中友协积极参与两国间,诸如国家年、语言年、旅游年、青年交流年以及媒体交流年等大型活动。作为中国人民的老朋友,已 80 多岁的库利科娃精神矍铄,依然活跃在俄中民间外交的第一线。她认为,民间外交有助于促进中俄两国民心相通、拉近两国人民的感情;并强调,"我坚信,与伟大邻居——中国的合作必将拥有广阔的发展前景"。

写在后面的话

——新时代更要学好历史

史籍是人类的记忆。历史和现实都表明，一个抛弃了或者背叛了自己历史文化的民族，不仅不可能发展起来，而且很可能上演一场历史悲剧。

千古兴亡鉴青史，人才与国相终始。加强党史、新中国史、改革开放史、社会主义发展史教育，凸显新时代历史学习的重要性和必要性。

读史是一味营养剂，更是一味清醒剂。

学到知识。知识既不像私人物品，具有排他性；又不像物质产品，具有消费一次性。知识是精神产品，可以传导、复制、共享。学习历史有利于认清历史事实，厘清历史脉络，把握时代脉动，厚植爱党爱国爱人民爱社会主义情怀。

明白事理。知识与事理既有联系又有区别，知识是事理的基础，事理是知识的升华；知识是固定的，事理是灵动的，事理是知识的灵魂。学习知识是对读史的初步要求，明白事理才是读史的重要目的。学习历史有利于掌握贯穿其中的立场、观点和方法，增强政治定力，提高政治敏锐性和政治鉴别力。

增长才干。能力与阅历有着密切关系，而人的精力有限，不可能事事亲力亲为，许多知识和经验通过间接获得，读史恰是获得间接知识和经验的有效途径。学习历史可阅人生无数，用以丰富阅历。"世事洞明皆学问，人情练达即文章。"人的阅历丰富了，为人当官做事的能力自然会提高。

陶冶情操。"腹有诗书气自华"，这表明读书可培育良好的气质风度。人的气质风度和相貌不一样，相貌多为先天遗传，而气质风度靠后天培养，读史是培养气质风度的沃土。学习历史明白更多事理和道理，就会提升精神品格，养成健康人格。

国外有一项研究，说是读书、听音乐、喝茶、散步，在人疲惫不堪、心情烦躁时，哪一项更能减轻压力并放松心情。结果显示，读书效果最佳，6 分钟内降低压力 68%，听音乐降低 61%，喝茶降低 54%，散步降低 42%。显而易见，读书可以"宁静致远"。为了静下心、坐下来、学进去，我们不妨坚持记史，以便更好地读史和用史。

历史事实是既定的，一旦发生便不会更改，记史必须忠于史实。然而，认识历史的理论、方法却在不断发展、更新。不同历史时期，人们对历史可以有不同认识、认识可以有不同理论高度和深度。开放的、不断发展的马克思主义，被证明是观察和解释历史的科学、有效的分析工具。习近平新时代中国特色社会主义思想作为马克思主义在当代中国的最新形态，不断开阔研究视野、提升认识高度，是记史的理论遵循。

"我思故我在"，法国哲学家笛卡尔一语道出思想对于人的重要性，但让思想变得有条理、逻辑清晰，并非一件易事。记史，怎样才能记出逻辑清晰的"史记"？俗话讲，开弓没有回头箭。逻辑宛如一支犀利、一击制敌的"箭"，必须一路向前，不能循环论证、主次不分。这内在要求记史，首先建立起对史实的清晰认识，因果关系、时间顺序、人物类型等信息，必须一一区分开来。"删繁就简三秋树，领异标新二月花"，然后删去无关紧要的信息。最终专注于想要表达的内容，"史记"才会简洁明快、逻辑清晰。

不断强化"三种思维",妥善处理"三对关系",也是记史的重中之重。强化辩证思维,处理好叙史与论史的关系,不能把历史写成大事记。坚持史论结合、论从史出,使读者在了解史实基础上,获得一些启示,引发一些思考。强化历史思维,处理好历史与现实的关系,反对历史虚无主义与历史实用主义。注重理论分析,站在时代高度,回应现实问题,使读者不断增强"四个自信"。强化创新思维,处理好创新与继承的关系,杜绝人云亦云式的"鹦鹉学舌"。一些重大判断以党中央定论为依据,而在新资料、新结论等方面应有所创新,让读者知其然,也知其所以然。

翻阅中国哲学,从《论语·子张》的"仕而优则学,学而优则仕",到《荀子·大略》的"学者非必为仕,而仕者必如学",中华民族要求官员学习,有着悠久的历史,新时代亟须继承和发扬这一传统。我国先哲们为何强调官员读书?大抵是"士大夫三日不读书,则义理不交于胸中,对镜觉面目可憎,向人亦语言无味"吧!

党员干部是党和国家事业的中坚力量,理应属于民族精英。学习历史,目的全在于用史。实际上,读史、记史、用史是一体的，读史是前提，记史是方法，用史是目的，三者相互作用、相得益彰。新时代更要学好历史，既是社会的责任，更是个人的担当。亟须做到真学、真思、真悟，不断从历史中汲取强筋壮骨的精神养分，用历史智慧之光观照现实。

学习党史、新中国史、改革开放史、社会主义发展史就会发现，中国共产党百年走来，之所以能战胜无数风险挑战，愈挫愈奋、愈战愈强，不断发展壮大，是因为有坚定理想信念的支撑。共产主义远大理想和中国特色社会主义共同理想，是中国共产党人的精神支柱和政治灵魂。在读史、记史中体悟和坚定理想信念的同时，用史教育引导人民群众补足理想信念这一精神之"钙"。

学习党史、新中国史、改革开放史、社会主义发展史就会发现，中国共产党干革命、搞建设、抓改革，都是为人民谋利益，让人民过上好日子。可以说一部党的历史，就是以人民为中心、为人民谋利益的历史，就是依靠人民不断开拓、不断奋进的历史。在读史、记史中培育执政为民情怀、永葆对人民赤子之心的同时，用史教育引导人民群众为实现美好生活的向往而努力奋斗。

学习党史、新中国史、改革开放史、社会主义发展史就会发现，中国共产党的历史是一部自觉为国为民担责尽责的艰苦奋斗史。当今世界正经历百年未有之大变局，我国正处于实现中华民族伟大复兴关键时期，发展中的矛盾和问题日益增多，更须勇于担当、主动作为。在读史、记史中涵养担当尽责政治品格的同时，用史教育引导人民群众为实现中华民族伟大复兴的中国梦贡献更多智慧和力量。

学习党史、新中国史、改革开放史、社会主义发展史就会发现，纪律严明是中国共产党的光荣传统。回望走过的路，党在不断加强纪律建设中发展壮大。在读史、记史中强化纪律规矩意识的同时，用史教育引导人民群众清醒地认识到，党面临的形势越复杂、肩负的任务越艰巨，就越要加强纪律建设，越要维护党的团结统一，确保全党统一意志、统一行动，步调一致向前行进，书写新的伟大辉煌。

作为后记，以示纪念。

欧阳辉

2020 年 11 月 18 日于北京金台园

责任编辑：杨瑞勇

封面设计：姚　菲

责任校对：吕　飞

图书在版编目（CIP）数据

鉴证大党百年风云：100个"千字文"故事／欧阳辉　著
．—北京：人民出版社，2021.1

ISBN 978－7－01－023132－7

I.①鉴…　II.①欧…　III.①中国共产党－党史－学习参考资料
IV.①D239

中国版本图书馆CIP数据核字（2021）第007712号

鉴证大党百年风云

JIANZHENG DADANG BAINIAN FENGYUN

——100个"千字文"故事

欧阳辉　著

人民出版社 出版发行

（100706　北京市东城区隆福寺街99号）

中煤（北京）印务有限公司印刷　新华书店经销

2021年1月第1版　2021年1月北京第1次印刷
开本：880毫米×1230毫米 1/32　印张：11
字数：190千字

ISBN 978－7－01－023132－7　定价：48.00元

邮购地址 100706　北京市东城区隆福寺街99号
人民东方图书销售中心　电话（010）65250042　65289539